LIÇÕES DOUTRINÁRIAS DA OBRA DE YVONNE A. PEREIRA

EDITORA EME

Edição e distribuição

EDITORA EME

Caixa Postal 1820 - CEP 13360-000 - Capivari-SP
Telefones: (19) 3491-7000 | 3491-5449
Vivo (19) 9 9983-2575 | Claro (19) 9 9317-2800
vendas@editoraeme.com.br - www.editoraeme.com.br

LUIZ GONZAGA PINHEIRO

LIÇÕES DOUTRINÁRIAS DA OBRA DE YVONNE A. PEREIRA

Capivari-SP
– 2020 –

A Editora EME mantém o Centro Espírita "Mensagem de Esperança" e patrocina, junto com outras empresas, instituições de atendimento social de Capivari-SP.

1ª edição - junho/2020 - 3.000 exemplares

CAPA | vbenatti
PROJETO GRÁFICO E DIAGRAMAÇÃO | Joyce Ferreira
REVISÃO | Letícia Rodrigues de Camargo

Ficha catalográfica

Pinheiro, Luiz Gonzaga, 1948
Lições doutrinárias da obra de Yvonne A. Pereira / Luiz Gonzaga Pinheiro - 1ª ed. jun. 2020 - Capivari, SP: Editora EME.
208 p.

ISBN 978-65-5543-018-9

1. Espiritismo. 2. Mediunidade. 3. Lições doutrinárias contidas na obra de Yvonne do Amaral Pereira. 4. Tratamento e cura de obsessão.
I. TÍTULO.

CDD 133.9

Sumário

Introdução 7
Pedido de socorro 11
O alfaiate é o espírito, mas o pano vem de Deus 21
Aonde vão os suicidas depois do ato trágico? 35
A arte mediúnica 43
Suicídio por obsessão 49
As gravações de eventos no éter 59
O tempo 63
Regressões de memória 71
Deixados à própria sorte 79
A família universal 85
A seriedade das reuniões mediúnicas 91
Preparando-se para o amor 99
Ideoplastia 105
Um entre bilhões 113

A contribuição dos índios ... 119
Classificando obsessores ... 125
Obsessões de que trata o Evangelho ... 131
Obsessão e efeitos físicos ... 137
A diversidade de orações ... 147
Premonições ... 153
A relação com os suicidas ... 163
Conclusão ... 169
Pequena biografia de Yvonne do Amaral Pereira . 171
Bibliografia ... 179
Anexos ... 181

Introdução

A obra de Yvonne Pereira é riquíssima tanto por suas experiências pessoais quanto por seu trabalho junto aos espíritos iluminados que contribuíram generosamente e ainda contribuem, para a evolução do espiritismo no mundo. De mediunidade ostensiva e transbordante, fecunda e aprimorada por sua disciplina, escritora, oradora, receitista, médium multifacetada podemos assim resumir, deixou um legado impressionante e de cunho informativo invulgar, notadamente nos livros dos quais fala sobre si mesma, de sua atuação doutrinária, de suas pesquisas, experiências e trabalhos práticos.

Teve uma vida de renúncias e de dedicação ao próximo, destacando-se como a mais completa médium brasileira. Seus trabalhos efetuados enquanto seu corpo físico dormia, são belos e riquíssimos em informações complementares à codificação. Na minha adolescência tomei conhecimento de sua missão através de seus livros e nunca mais os larguei. *Memórias de um suicida*, na minha interpretação de fã, está no mesmo nível dos escritos de Kardec e é, sem bajulações da minha parte, o melhor romance que já li, depois dos cinco que Emmanuel escreveu, para mim insuperáveis (*Há dois mil anos,*

Cinquenta anos depois, Ave Cristo, Renúncia e, o mais fantástico deles, *Paulo e Estêvão*).

Aliás, esta não é apenas a minha opinião, mas, também, a de mestres que nos ensinam e orientam com suas virtuosas lições e seguras opiniões:

> Divaldo Pereira Franco relata que, no ano de 1959, Chico Xavier afirmou para dona Yvonne do Amaral Pereira que André Luiz deixara claro que, em sua opinião, *Memórias de um suicida* era, em seu gênero, a maior obra dos últimos 50 anos e também dos próximos 50 anos. Portanto, *Memórias de um suicida* seria, para André Luiz, a maior obra do século XX e do início do século XXI.
>
> **Crônicas e Artigos, Ano 6, N° 276,**
> **2 de setembro de 2012**

Minha vida foi influenciada por seus exemplos, notadamente nas orações pelos suicidas e pela longa lista que mantenho com seus nomes, sempre crescente e exposta em cadernos sobre a mesa mediúnica. Enfatizo que todos nas reuniões que dirijo vibram e participam dessa mesma experiência. Este livro, *Lições doutrinárias da obra de Yvonne do Amaral Pereira,* é uma singela homenagem a essa mulher grandiosa, além de um presente para seus admiradores, aqueles que dela receberam e ainda recebem as bênçãos da luz que espalha.

Vinte temas doutrinários dos mais empolgantes aqui desfilam com a simplicidade, a confiabilidade e a originalidade de espíritos quais doutor Bezerra de Menezes e

Charles, coadjuvados por André Luiz, Emmanuel e Kardec, formando o pano de fundo para o cenário onde ela atua. A marca mais profunda da personalidade dessa médium e escritora é a humildade, pois jamais se deixou levar pelos caminhos do orgulho nem do estrelismo, fator de queda de muitos que se medem por essa falsa trena.

Que os temas aqui abordados e delicadamente expostos de maneira que não se tornem cansativos, possam influenciar e enriquecer a tarefa mediúnica de tantos quantos se exercitam nas trilhas mediúnicas ou de qualquer outra face doutrinária. A todos, boa leitura e excelente prática.

PEDIDO DE SOCORRO

EM UM MUNDO DE provas e expiações os pedidos de socorro são sempre frequentes, sejam direcionados aos amigos, familiares ou aos bons espíritos, que agem em nome de Deus, espalhando a misericórdia pelo mundo. São muitas as batalhas que temos que travar nesta vida, a começar pela sobrevivência, que nos consome a maior parte das nossas energias. Daí a necessidade de ajuda, sempre bem-vinda nas horas de cansaço. As mães pedem pelos filhos, estes pelos pais, aqueles pela paz no mundo e o mundo continua a girar dando a impressão de que existem mais problemas que soluções.

Mas os pedidos que queremos enfatizar são aqueles que se avolumam nos livros e cadernos das reuniões espíritas, ali colocados por pessoas que esperam receber do plano espiritual uma fórmula, de preferência cômoda, para minimizar ou erradicar de vez a má sorte, a notícia triste, o obstáculo que parece sempre renovado com outro nome e situação. Como Jesus disse, "pedi e obtereis", nos tornamos eternos pedintes, muitas vezes, sem promover o esforço no limite das forças para que a súplica se efetue, aguardando o atendimento como se Deus nos devesse algo ou tivesse a obrigação de nos atender a qualquer instante ou situação que a Ele recorramos.

Mas devemos ter a noção clara sobre o que pedir e sobre o que é possível receber. Deus não vai atender ao pedido que exige um carro do ano nem ao que solicita o emprego dos sonhos. Mas pode conceder força, ânimo e coragem para obtê-los. Ele pode mandar a inspiração de como iniciar a busca ou o mapa que indica o caminho da vitória. Pode, o mais frequente, enviar a lucidez para alterar o plano para algo mais modesto. Antigo frequentador de centros espíritas, já ouvi pedidos dos mais pomposos aos mais humildes tais como saúde e força para trabalhar, na minha opinião, os mais corretos.

Os bons espíritos entendem a nossa mendicância e infantilidade, fazendo o possível para atender a todos segundo os méritos humanos e a imensa misericórdia divina. Jesus passou os três anos do seu apostolado ouvindo pedidos de cura, de conselhos e até de benesses imerecidas tal qual o pedido feito pela mãe de Tiago e João: *Senhor, por favor, dize que estes meus dois filhos se assentem, um à Tua direita e outro à Tua esquerda, no Teu reino* (Mateus, 20:21).

Mas é devido a esses pedidos feitos, notadamente ao doutor Bezerra de Menezes, mentor da casa na qual trabalho, o CADE (Centro de Apoio ao Desenvolvimento Espiritual) na cidade de Fortaleza, colocados em caderno específico para nomes e endereços de solicitantes de graças, que os dirigentes desencarnados avaliam segundo a urgência, o merecimento e o esforço que cada um empreende na superação de seus dramas e selecionam os nomes a serem atendidos a cada reunião.

Tibiriçá, chefe dos guerreiros, envia um dos seus ao endereço mencionado pelo pedinte para verificar a ocorrência. Lá chegando, se existir um intruso a desarmonizar o ambiente, perseguidores, vampiros, feiticeiros, desocupados, alguém que esteja concorrendo para o mal-estar da família, recebe um convite formal para comparecer ao centro e explicar-se. Caso não aceite o convite, será forçado ao comparecimento de maneira coercitiva, ou seja, virá dentro de uma rede, algemado, sob uma lança, dependendo o tratamento ministrado, do grau de rebeldia do invasor.

Como em nosso centro espírita a maioria dos pedidos envolvem perseguições espirituais, é natural que as comunicações obedeçam a esse padrão comandado pelos guerreiros. Bezerra de Menezes tem seus liderados que agem semelhantemente. Senão vejamos nesta carta de rogativa dolente:

> Uma carta chegara do Sul do país às mãos do médium, enviada pela caridosa gentileza de um familiar do mesmo instrumento, solicitando seus préstimos de intermediário entre os poderes invisíveis e a Terra para alívio de criaturas que se debatiam contra torrentes de desesperações positivamente irremediáveis por outra forma. Leu-a o médium para mim, por entre as irradiações da prece caritativa... e eu, captando o assunto através de suas vibrações, decalquei-a em minha mente

desde então, arquivando-a de molde a me permitir hoje reerguê-la dos escombros mentais, a fim de transcrevê-la neste momento. Particularizava-se a missiva pela exposição seguinte:

– Rogo algo tentares, como espírita que és, a benefício da família do nosso amigo Leonel. Passam-se fatos verdadeiramente desorientadores, deixando perplexos os amigos da casa. Desde a morte do pobre Leonel, verificada, como sabes, por um suicídio em tão trágicas condições, a família inteira sente ímpetos para o suicídio. Não ignoras que sua filha Alcina se suicidou também, dez meses depois dele próprio. Agora é seu filho Orlando que deseja morrer, havendo já tentado algumas vezes o ato terrível! Vivem todos a chorar, desesperados, sem ânimo para a continuação da existência. Somente a viúva de Leonel consegue algo de estimulante para se impor à situação, que é a mais anormal possível. A miséria lhes bate à porta, pois nada possuem e ninguém, senão ela, trabalha. Finalmente, peço-te que rogues a Deus por eles, já que cultivas a fé em teu coração, porquanto a Terra é impotente para deter a avalanche de desgraças que sobre essa pobre gente se arremessou.

***Dramas da obsessão,* Bezerra de Menezes, psicografia de Yvonne Pereira**

Atualmente, além de cartas, bilhetes, pedidos orais, telefonemas, *WhatsApp* e outras fontes, contam os pedintes com o descompromissado "reza por mim" ou o "pede aos teus espíritos" que me ajudem, pois não posso ou não gosto de ir ao centro espírita.

Mas, prosseguindo, doutor Bezerra foi pessoalmente, com a médium e uma equipe de assistentes, em especial um índio chamado Peri, que exercia o mesmo papel que Tibiriçá, cuidando da segurança dos trabalhos e da equipe. Todavia, por motivos vibracionais, a equipe não conseguiu penetrar o recinto, restando aos milicianos a invasão. Vejamos, segundo a própria palavra de Bezerra, quem era Peri:

> O nome Peri encobre individualidade espiritual indígena, que não desejamos identificar, já reencarnada. Sua existência nas matas brasileiras traduz estágio de repouso e esconderijo necessário para se furtar às continuadas perseguições obsessoras que, como antigo chefe de tribos árabes guerreiras, adquirira com as atrocidades praticadas. Não seria, portanto, espírito primitivo, como também acontecia com muitos outros índios brasileiros e escravos africanos no Brasil.
>
> ***Dramas da obsessão*, Bezerra de Menezes, psicografia de Yvonne Pereira**

Para aqueles que acham que um índio, um negro ou um nordestino favelado é alguém sem conhecimentos científicos, filosóficos, artísticos ou de outra natureza qualquer, mas sempre inferior, fica esse lembrete de que antes de tudo ele é um espírito, e nessa condição pode ter uma herança cultural muito maior que a do crítico ou preconceituoso que o julga.

Doutor Bezerra narra a dificuldade de adentrar a residência, ficando ele impossibilitado de averiguar pessoalmente, enviando seus auxiliares.

> (...) Impossível, porém, nos fora ali penetrar pelos meios comuns, tal a densidade vibratória asfixiante do recinto, o clima obsessor que expandia malefícios em derredor do lar sinistrado pela onda de tragédia que a ele se adaptava. Eu levara, no entanto, em nossa comitiva, um **indígena brasileiro da raça Tamoio**, espírito hábil, honesto e obediente, que voluntariamente se associara à nossa falange, desejando servir ao bem, e mais o nosso assistente Roberto, a quem eu muito amava e em quem confiava plenamente. (grifo meu)
>
> Ambos ali penetraram, sacrificando a própria harmonia vibratória, a fim de se inteirarem minuciosamente do que realmente se passava. Retornaram logo após ao Posto Mediúnico de onde haviam partido, chocados e ansiosos. E Roberto, que chefiava a expedição, tomou a palavra (transmitiu as irradiações mentais), desincumbindo-se do noticiário sobre o reconhecimento efetuado:
>
> – Trata-se de um caso de obsessão coletiva simples, meu caro irmão... carente de intervenção imediata de socorro espiritual, a fim de que se evitem outros suicídios na família... São, quase todos os membros dessa numerosa família, constituída do velho casal e dez filhos menores, portadores de faculdades mediúnicas ignoradas... Não cultivam o

> estudo edificante para o saneamento mental, nem a meditação sobre assuntos elevados do espírito, e tão pouco a prece... tornando-se, por isso mesmo, campo raso para os assédios das trevas... pois que também não alimentam sentimentos religiosos de qualquer espécie, apenas afetando um interesse convencional pela crença católica romana.
>
> ***Dramas da obsessão*, Bezerra de Menezes, psicografia de Yvonne Pereira**

Este livro narra um processo obsessivo secular, iniciado nos tempos da Inquisição promovida pela Igreja Católica, no qual os obsessores atualmente tinham como objetivo dizimar uma família inteira através do suicídio. Mas a ênfase aqui é o pedido feito aos bons espíritos para obtenção de uma graça. Lembra também que existe no mundo espiritual equipes encarregadas de intercessão cuja função é a prestação de auxílio a encarnados e desencanados envolvidos em dramas profundos, o que fazem através do esclarecimento e da libertação de forças que os retêm nas sombras. Logicamente todos os pedidos são analisados criteriosamente usando-se de justiça e de misericórdia, pois Deus não quer a morte do pecador, mas que ele viva e se arrependa.

Os centros espíritas são portas abertas ao acolhimento desses pedidos. Postos de socorro e de emergência do plano invisível entre os encarnados, o centro é como um farol para náufragos a espargir a luz da misericórdia divina entre as dores do mundo. Necessário que se diga da imensa responsabilidade dos que ali operam em nome de Jesus, o provedor de bênçãos aos miseráveis. Quando ele disse: vinde a mim todos vós que estais aflitos e sobrecarregados e eu vos aliviarei, contava com o auxílio e a confiança de tantos que vibrassem no ideal da fraternidade para encaminhá-los aos seus braços.

Por isso, na casa espírita não nos ausentemos do compromisso assumido, chave da nossa libertação. Sabemos que ajudando somos ajudados, doutrinando, somos doutrinados, pois a lei do retorno rege a vida em qualquer tempo ou espaço onde nos situemos. A vida se encarrega de devolver na medida certa para cada caso tudo que a ela é ofertado, com determinada cota de acréscimo: no bem um bônus pela boa vontade; no mal uma multa pela má vontade. Claro que isso não é uma lei, mas é a lógica. Quando, por exemplo, alguém, vem para cumprir determinada prova e se suicida, por rebeldia diante da lei, terá que repetir a prova em condições geralmente mais difíceis. E quando alguém faz o bem, além da sensação de alegria advinda do ato, da conquista de amigos granjeados com o fato, existe o avanço real de algum milímetro na escala evolutiva. E isso é progresso. Para mais amplos subsídios sobre este tema aprofundemos a interpretação do mesmo sob a ótica de Emmanuel, em seu livro *Seara dos médiuns,* psicografia de Chico Xavier:

Pedidos

Não peças aos amigos espirituais para que te rasguem um veio de ouro.

A fortuna imerecida pode sepultar-te o coração na cova da preguiça.

Não peças aos benfeitores da Vida Maior para que sejas conduzido ao leme do poder.

A autoridade inoportuna pode encurralar-te no fogo da violência.

Não peças aos instrutores de outras esferas que te ofertem segredos da perfeição corpórea.

A beleza efêmera pode situar-te no vício.

Não peças aos mensageiros divinos o privilégio da posse.

A posse mal conduzida atrai os milhafres da usura.

Não peças aos companheiros desencarnados os enfeites da fama.

A fama, sem alicerces respeitáveis, atrai as víboras da calúnia.

Não peças aos emissários do Senhor os regalos do conforto excessivo.

A escravidão do conforto excessivo atrai os gafanhotos da inveja.

Pede a todos eles para que te amparem o próprio aperfeiçoamento, porque, aprimorando a ti mesmo, perceberás que a existência na Terra é estágio na escola da evolução, em que o trabalho constante nos ensina a servir para merecer e a raciocinar para discernir.

Portanto, diante das costumeiras abordagens aos mentores, selecionemos os apelos priorizando a aquisição da força, do ânimo, da coragem, da paz de consciência e da oportunidade de serviço. Graças assim são mais fáceis de obter, por se encaixarem de maneira plena na vontade que os mentores têm de doá-las. A lucidez nos pedidos evita grandes decepções. Não é que Deus lhe decepcione, mas que você se decepcione consigo mesmo.

O ALFAIATE É O ESPÍRITO, MAS O PANO VEM DE DEUS

EM VERDADE ESSE É um ligeiro estudo sobre os fluidos e sobre a competência do espírito em fabricar sua vestimenta. Ele foi desenvolvido em uma síntese maravilhosa no livro *Devassando o invisível*, ao bom estilo simples sem ser simplório e completo sem ser monótono, marca de Yvonne Pereira. Os livros que mais gosto, escritos por ela, são os da sua própria competência, auxiliada apenas por sua aguçada intuição.

Sobre fluidos, a herança maior, logicamente doada pelos espíritos luminosos responsáveis pela codificação, mas enriquecida por sua pesquisa, foi deixada por Allan Kardec. Alguém que aos fluidos se reporte sem citá-lo comete uma incoerência que chega às raias da imperícia. Sigamos a trilha já traçada, pois bons caminhos, sem tropeços ou obstáculos, são os preferidos pelos homens, no caso leitores.

> (...) Os fluidos espirituais, que constituem um dos estados do fluido universal, são, a bem dizer, a atmosfera dos seres espirituais; o elemento donde eles tiram os materiais sobre que operam; o meio

> onde ocorrem os fenômenos especiais, perceptíveis à visão e à audição do espírito, mas que escapam aos sentidos carnais, impressionáveis somente à matéria tangível; o meio onde se forma a luz peculiar ao mundo espiritual, diferente, pela causa e pelos efeitos da luz ordinária; finalmente, o veículo do pensamento, como o ar o é do som. Os espíritos atuam sobre os fluidos espirituais, não manipulando-os como os homens manipulam os gases, mas empregando o pensamento e a vontade. Para os espíritos, o pensamento e a vontade são o que é a mão para o homem. Pelo pensamento, eles imprimem àqueles fluidos tal ou qual direção, os aglomeram, combinam ou dispersam, organizam com eles conjuntos que apresentam aparência, forma e coloração determinadas; mudam-lhes as propriedades, como um químico muda a dos gases ou de outros corpos, combinando-os segundo certas leis. É a grande oficina ou laboratório da vida espiritual.
>
> ***A Gênese*, Allan Kardec, Cap. XIV**

Vemos nesse pequeno texto que o fluido é elevado à matéria-prima da criação humana. É uma espécie de faz tudo, de caixa de pandora da qual tudo pode surgir a depender da vontade e da competência de quem o manipula. Mas sigamos com o resumo invadindo a intimidade do tema:

> No estado de eterização, o fluido cósmico não é uniforme; sem deixar de ser etéreo, sofre modi-

> ficações tão variadas em gênero e mais numerosas talvez do que no estado de matéria tangível. Essas modificações constituem fluidos distintos que, embora procedentes do mesmo princípio, são dotados de propriedades especiais e dão lugar aos fenômenos peculiares ao mundo invisível. Dentro da relatividade de tudo, esses fluidos têm para os espíritos, que também são fluídicos, uma aparência tão material quanto a dos objetos tangíveis para os encarnados e são, para eles, os espíritos, o que são para nós as substâncias do mundo terrestre. Os espíritos os elaboram e combinam para produzirem determinados efeitos, como fazem os homens com os seus materiais, ainda que por processos diferentes.
>
> ***A Gênese*, Allan Kardec, cap. XIV**

São os fluidos, portanto, o material disponível em abundância no grande laboratório que é o universo. Tudo quanto os espíritos, dos mais simples aos mais sábios, necessitam para suas construções em qualquer nível de vibração ou em qualquer latitude. Somos como peixes nesse imenso oceano cósmico de onde extraímos o necessário a ser utilizado por nossa imaginação e inspiração. Continuemos, com esse tratado de ciências psíquicas que é *O Livro dos Médiuns*, trazendo mais características sobre o fluido cósmico, o tecido a que nos referimos, para nos vestirmos, inclusive de virtudes:

> 128. Foi o espírito São Luís que nos deu a solução com as seguintes respostas:

1. Citamos um caso de aparição do espírito de pessoa viva. Esse espírito tinha uma tabaqueira e tomava pitadas. Experimentava ele a sensação que experimentamos no caso?

- Não.

2. A tabaqueira tinha a mesma forma da que ele usava habitualmente e que estava em sua casa. O que era essa tabaqueira nas mãos desse homem?

- Uma aparência. Era para ser notada, como foi, e para que a aparição não fosse tomada por alucinação produzida pelo estado de saúde da vidente. O espírito queria que a senhora acreditasse na realidade da sua presença e tomou todas as aparências da realidade.

3. Disseste que era uma aparência, mas uma aparência nada tem de real, é como uma ilusão de óptica. Queremos saber se essa tabaqueira era uma imagem irreal ou se havia nela algo de material.

- Certamente. É com a ajuda desse princípio material que o espírito aparenta vestir-se com roupas semelhantes às que usava quando vivo.

Nota de Kardec: É evidente que devemos entender a palavra aparência no seu sentido de aspecto, de imitação. A tabaqueira real não estava com o espírito. A que ele segurava era apenas a sua representação. Era, pois, uma aparência, em relação ao original, embora constituída por um princípio material. A experiência nos ensina que não devemos tomar sempre ao pé da letra as expressões usadas pelos espíritos. Interpretando-as segundo as nossas ideias, expomo-nos a grandes decepções. É por isso que precisamos aprofundar o sentido de suas palavras quando apresenta a menor ambiguidade. Essa recomendação os próprios espíritos nos fazem constantemente. Sem a explicação que provocamos, a palavra aparência, sempre repetida nos casos semelhantes, poderia ser falsamente interpretada.

4. Seria um desdobramento da matéria inerte? Haveria no mundo invisível uma matéria essencial que revestiria as formas dos objetos que vemos? Numa palavra, esses objetos teriam o seu duplo etéreo no mundo invisível, como os homens são ali representados pelos espíritos?

– Não é assim que isso se dá. O espírito dispõe sobre os elementos materiais dispersos por todo o espaço da vossa atmosfera, de um poder que estais longe de suspeitar. Ele pode concentrar esses elementos pela sua vontade e dar-lhe a forma aparente que convenha às suas intenções.

5. Coloco de novo a questão de maneira categórica, a fim de evitar qualquer equívoco: as roupas dos espíritos são alguma coisa?

– Parece-me que a resposta precedente resolve

a questão. Não sabes que o próprio perispírito é alguma coisa?

6. Resulta desta explicação que os espíritos submetem a matéria etérea às transformações que desejam. Assim, por exemplo, no caso da tabaqueira o espírito não a encontrou feita, mas ele mesmo a produziu, quando dela necessitou, por um ato da sua vontade, e da mesma maneira a desfez. É isso mesmo que se dá com todos os outros objetos, como as roupas, as joias etc...?

– Mas é evidente.

7. Essa tabaqueira foi vista pela senhora como se fosse real. O espírito poderia torná-la tangível para ela?

– Poderia.

8. Se fosse o caso, a senhora poderia pegá-la, acreditando ter nas mãos uma tabaqueira real?

– Sim.

9. Se ela abrisse, provavelmente encontraria tabaco, e se o tomasse espirraria?

– Sim.

10. Então o espírito pode dar não somente a forma do objeto, mas também as suas propriedades especiais?

– Se o quiser. Foi em virtude desse princípio

que respondi afirmativamente às perguntas anteriores. Terás provas da ação poderosa que o espírito exerce sobre a matéria e que estás longe de supor, como já disse.

11. Suponhamos que ele quisesse fazer uma substância venenosa e que uma pessoa a tomasse. Ficaria envenenada?

– O espírito poderia fazê-la, mas não a faria porque isso não lhe é permitido.

12. Poderia fazer uma substância salutar, apropriada à cura de uma doença, e isso já aconteceu?

– Sim, muitas vezes.

13. Poderia então, da mesma maneira, fazer uma substância alimentar? Suponhamos que fizesse uma fruta ou uma iguaria qualquer. Alguém poderia comê-la e sentir-se saciado?

– Sim, sim. Mas não procures tanto para achar o que é tão fácil de compreender. Basta um raio de sol para tornar perceptíveis aos vossos órgãos grosseiros as partículas materiais que enchem o espaço no meio do qual vives. Não sabes que o ar contém vapor d'água? Condensa-os e voltarão ao estado normal. Priva-os de calor e verás que essas moléculas impalpáveis e invisíveis se transportam num corpo sólido e bem sólido. Assim muitas outras substâncias de que os químicos ainda tirarão maravilhas mais espontâneas. Mas acontece que o espírito possui instrumentos mais perfeitos que os vossos: a vontade e a permissão de Deus.

Nota de Kardec: A questão da saciedade é neste caso muito importante. Como uma substância que só tem existência e propriedades temporárias e de certa maneira convencionais pode produzir a saciedade? Essa substância, em seu contato com o estômago, produz a sensação da saciedade, mas não a saciedade propriamente dita que resulta da plenitude. Se essa substância pode agir na economia orgânica e modificar um estado mórbido, pode também agir sobre o estômago e provocar uma sensação de saciedade. Mas pedimos aos senhores farmacêuticos e donos de restaurantes para não se enciumarem nem pensarem que os espíritos lhes venham fazer concorrência. Esses casos são raros, excepcionais e não dependem jamais da vontade de alguém, pois do contrário todos se alimentariam e curariam de maneira vantajosa.

14. Os objetos que à vontade do espírito tornaram tangíveis poderiam permanecer nesse estado e ser usados?

– Isso poderia acontecer, mas isso não se faz porque é contrário às leis.

15. Todos os espíritos têm no mesmo grau o poder de produzir objetos tangíveis?

– O certo é que o espírito, quanto mais elevado, mais facilmente o consegue, mas isso também depende das circunstâncias: os espíritos inferiores podem ter esse poder.

Abrimos um parêntese para lembrar que o conhecimento confere poder. Aqui falamos de técnicas e uma técnica, uma vez apreendida, independe da moral para que seja aplicada e produza resultados.

16. O espírito tem sempre consciência da maneira pela qual produz as suas roupas ou dos objetos que tornam aparentes?

– Não. Muitas vezes ajuda a formá-los por uma ação instintiva, que ele mesmo não compreende, se não estiver suficientemente esclarecido para isso.

17. Se o espírito pode tirar do elemento universal os materiais para essas produções, dando a essas coisas uma realidade temporária, com suas propriedades, pode também tirar o necessário para escrever, o que nos daria a chave do fenômeno de escrita direta?

– Afinal, chegaste onde querias!

Nota de Kardec: Com efeito, era a isso que desejávamos chegar com todas as nossas perguntas preliminares. A resposta prova que o espírito leu nosso pensamento.

18. Se a matéria de que o espírito se serve não tem persistência, como os traços da escrita direta não desaparecem?

– Não tires conclusões das palavras. Para começar, eu não disse: jamais. Tratava-se de objeto material volumoso. Nesse caso, são sinais escritos que é útil conservar e se conservam. O que eu quis dizer é que os objetos assim compostos pelo espírito não poderiam tornar-se de uso, porque na realidade não possuem a mesma densidade material dos vossos corpos sólidos.

A teoria acima pode ser resumida. O espírito age sobre a matéria; tira da matéria cósmica os elementos necessários para formar, como quiser, objetos com a aparência dos diversos corpos da Terra. Pode também operar, pela vontade, sobre a matéria elementar, uma transformação íntima que lhe dê certas propriedades. Essa faculdade é inerente à natureza do espírito, que a exerce muitas vezes de maneira instintiva e, portanto, sem o perceber, quando se faz necessário. Os objetos formados pelo espírito são de existência passageira, que depende da sua vontade ou da necessidade: ele pode fazê-los e desfazê-los a seu bel-prazer. Esses objetos podem, em certos casos, parecer para os vivos perfeitamente reais, tornando-se momentaneamente visíveis e mesmo tangíveis. Trata-se de formação e não de criação, pois o espírito não pode tirar nada do nada.

***O Livro dos Médiuns*, Allan Kardec, cap. VIII**

A cada vez que tento resumir, ou seja, fazer uma síntese dos escritos de Kardec, sinto enorme dificuldade em subtrair palavras sem causar prejuízo à interpretação, à beleza, à leveza da informação. Muito admiro essa qualidade desse pesquisador e escritor, a maior delas, pois todos sabem, por sentirem na própria pele, o quanto é difícil fazer uma síntese. Conta-se, desconheço a fonte, que Blaise Pascal, que escreveu o belíssimo texto em *O Evangelho segundo o Espiritismo,* "A verdadeira propriedade", certa feita escreveu uma carta para um amigo, desculpando-se pela extensão da missiva com a seguinte frase: *escrevo-te uma carta longa porque não tenho tempo de fazer uma síntese.* Acho que ele pensava assim: quando querem que eu fale por uma hora, não necessito de tempo para preparos. Quando querem que eu fale por dez minutos peço um tempo para organizar o roteiro, digamos, um dia. Mas para falar por um minuto, peço uma semana de prazo.

Mas entremos no texto de Yvonne que cita a vestimenta no mundo espiritual:

> Durante as numerosas ocasiões em que, como vidente, temos observado entidades desencarnadas, quer em nosso estado normal, quer quando nos há sido possível penetrar o mundo invisível, levada em corpo espiritual pelos guias e instrutores que nos deferem essa honra, grande número de espíritos temos visto, e até com eles convivido, se desse modo nos podemos expressar, de variada gradação moral e espiritual, e apenas uma vez

> nos recordamos, de ter percebido um inteiramente desnudo. Contrariamente, o que temos presenciado nos confere o direito de categoricamente afirmar que - sim! - os espíritos se trajam e modificam a aparência das vestes que usam conforme lhe apraz, exclusão feita de alguns muito inferiores e criminosos, geralmente obsessores da mais ínfima espécie, cuja mente não possui vibrações à altura de efetuar a admirável "operação plástica" requerida.
>
> **Yvonne Pereira,** ***Devassando o invisível***

No mundo espiritual todos se vestem. Os estilos, modas, cores, bordados, balangandãs, como diriam alguns, ficam por conta da criatividade de seus habitantes. As épocas e os modelos, bem como os ornamentos variam segundo o gosto de cada um. Que maravilha! Livrar-se dos desfiles de moda aqui dos encarnados e fazer seu próprio figurino, sem ter que ligar para o falatório inútil acerca das tendências impostas por determinados estilistas. Adoro essa liberdade de ver Tibiriçá com sua vestimenta indígena, redes às costas, arcos, flechas, penas coloridas sem precisar matar os pássaros para consegui-las. Ver meu amigo hindu com sua vestimenta brilhante, esmeralda à testa, com uma cor que me parece específica para cada trabalho, não tem preço.

Alegrai-vos, amigos! Deus deu o pano e o alfaiate somos nós. Sujou? Desfaz e refaz. Rasgou? Nada de remendos; basta pinçar o fluido e fazer uma nova vestimenta. Ficou apertada? Alarga um pouco e tudo fica perfeito. É tudo como disse Jesus:

> E por que andais vós solícitos pelo vestido? Considerai como crescem os lírios do campo; eles não trabalham nem fiam; digo-vos mais, que nem Salomão, em toda a sua glória, se cobriu jamais como um destes. Pois se ao feno do campo, que hoje é e amanhã é lançado no forno, Deus veste assim, quanto mais a vós, homens de pouca fé? Não vos aflijais, dizendo: Que comeremos, ou que beberemos, ou com que nos cobriremos? Porque os gentios é que se cansam por estas coisas. Porquanto vosso Pai sabe que tendes necessidade de todas elas. Buscai primeiramente o Reino de Deus e a sua justiça, e todas estas coisas se vos acrescentarão. E assim não andeis inquietos pelo dia de amanhã. Porque o dia de amanhã a si mesmo trará seu cuidado; ao dia basta a sua própria aflição.
>
> **Mateus, 28-34**

Buscar a justiça, que se resume no respeito aos direitos de cada um, é uma tarefa prioritária na vida de todos. E caminhando nesse sentido, atingiremos muito em breve as portas do paraíso.

AONDE VÃO OS SUICIDAS DEPOIS DO ATO TRÁGICO?

COMO SE FALA MUITO no "vale dos suicidas", local onde habitam centenas deles, tem-se a impressão de que o encarnado, após praticar o tresloucado gesto de tentar barrar a vida, impossibilidade garantida pela eternidade do espírito, é levado imediatamente para este local, atraído magneticamente pela vibração de dor dos muitos que lá residem. Todavia as variáveis se agrupam às dezenas segundo os méritos e deméritos de cada um.

Como atendo a muitos suicidas e a grupos que induzem encarnados ao suicídio para torná-los seus escravos, percebo que muitos dos que se matam, após o ato macabro são resgatados por falanges trevosas e usados nos mais diversos trabalhos, desde a obsessão, quando são colocados dentro de um lar desguarnecido para induzir a este gesto desesperado, até ao aliciamento para trabalho escravo em desacordo com a lei. Noto igualmente que tais grupos têm a condição de, através de técnicas hipnóticas, fazerem com que o suicida esqueça por um tempo aquele evento, não apresentando no perispírito as marcas da violência praticada contra si próprio.

Todavia, capturado e levado à doutrinação, por força de uma regressão de memória, o suicida retorna à condição de ferido mortalmente, sangue a escorrer pelo ouvido, por exemplo, se utilizou de um disparo de arma de fogo para aniquilar o que não pode ser detido, o existir. Como é um enfermo digno de piedade e de socorro, lógico que os mentores o acolhem e providenciam tratamento. Próximo ao Natal do ano de 2017 Tibiriçá trouxe à reunião um chefe de bando, capturado em um hospital, cuja função era levar por indução pacientes terminais ao suicídio. Com ele foi encontrada uma lista constando 18 nomes de potenciais suicidas.

Com este tipo de comunicante o procedimento é duro. Com a lança em sua jugular foi obrigado a ordenar que sua equipe se entregasse e permanecesse ajoelhada sob escolta indígena. Quanto a ele, foi entregue um computador portátil no qual todos os videntes o viram acionar repetidamente o teclado (os dedos do médium faziam todos os gestos de um tecladista) inutilizando o programa que utilizava e dando o "enter" final para a implosão do laboratório onde trabalhava. Mas não ficou apenas nessas providências. Ele foi reduzido perispiritualmente pelo amigo hindu, um dos instrutores da reunião, até o estágio de bebê, sendo levado nos braços por um enfermeiro, sabe Deus para qual destino.

Vejamos no texto pinçado de *Dramas da obsessão* a descrição de Bezerra de Menezes sobre as condições dos suicidas alojados no lar onde moravam enquanto encarnados:

Sim! Inteirei-me de que o chefe da mesma família, de nome Leonel, pôs termo à existência terrena, desfechando um tiro de revólver no ouvido direito, e que sua filha primogênita, jovem de vinte primaveras, lhe imitou o gesto alguns meses depois, servindo-se, porém, de um tóxico violento... Inteirei-me ainda de que outro filho seu, de quinze anos de idade, tentou igualmente o sinistro ato, salvando-se, no entanto, graças à ação prestimosa de amigos agilíssimos, que evitaram fosse ele colhido por um trem de ferro, pois o tresloucado lançou-se aos trilhos, enfrentando o comboio, que se aproximava...

– E como te inteiraste de que se trata de ação obsessora simples, sobre médiuns que ignoram estar sob influências maleficentes da sugestão extraterrena, visto que vivem alheios aos fenômenos e às observações espíritas?

– Vimos ambos os suicidas **ainda retidos no próprio teatro dos acontecimentos**: Leonel, vagando, desolado e sofredor, a bradar por socorros médicos, traindo nas próprias repercussões vibratórias o gênero da morte escolhida sob pressões invisíveis... e Alcina, a filha, com o perispírito ainda em colapso, desmaiada sob o choque violento do ato praticado... (grifo meu)

***Dramas da obsessão*, Bezerra de Menezes, psicografia de Yvonne Pereira.**

Observamos no texto que os suicidas permaneciam há meses no mesmo local do trágico evento, tornando a atmosfera fluídica intolerável e incompatível com as mais rudimentares medidas higiênicas exigidas pela saúde daqueles moradores.

Em *Memórias de um suicida,* de autoria de Camilo Castelo Branco e psicografia de Yvonne, Camilo, suicida, narra seu sofrimento imediato após o autocídio:

> Senti-me enregelar de frio. Tiritava! Impressão incômoda, de que vestes de gelo se me apegavam ao corpo, provocou-me inavaliável mal-estar. Faltava-me, ao demais, o ar para o livre mecanismo dos pulmões, o que me levou a crer que, uma vez que eu me desejara furtar à vida, era a morte que se aproximava com seu cortejo de sintomas dilacerantes.
>
> (...) Passei a reunir ideias, mau grado meu. Revi minha vida em retrospecto, até à infância, e sem mesmo omitir o drama do último ato, programação extra sob minha inteira responsabilidade. Sentindo-me vivo, averiguei, consequentemente, que o ferimento que em mim mesmo fizera, tentando matar-me, fora insuficiente, aumentando assim os já tão grandes sofrimentos que desde longo tempo me vinham perseguindo a existência.
>
> Supus-me preso a um leito de hospital ou em minha própria casa. Mas a impossibilidade de reconhecer o local, pois nada via; os incômodos que me afligiam, a solidão que me rodeava, entraram a me angustiar profundamente, enquanto lúgubres pressentimentos me avisavam de que aconteci-

> mentos irremediáveis se haviam confirmado. Bradei por meus familiares, por amigos que eu conhecia afeiçoados bastante para me acompanharem em momentos críticos.
>
> O mais surpreendente silêncio continuou enervando-me. Indaguei mal-humorado por enfermeiros, por médicos que possivelmente me atenderiam, dado que me não encontrasse em minha residência e sim retido em algum hospital; por serviçais, criados, fosse quem fosse, que me obsequiar pudessem, abrindo as janelas do aposento onde me supunha recolhido, a fim de que correntes de ar purificado me reconfortassem os pulmões; que me favorecessem coberturas quentes, acendessem a lareira para amenizar a gelidez que me entorpecia os membros, providenciando bálsamo às dores que me supliciavam o organismo, e alimento, e água, porque eu tinha fome e tinha sede!

Camilo passou algum tempo preso aos restos mortais em decomposição, sentindo os odores putrefatos da matéria em degeneração. Saiu enlouquecido do cemitério e foi vagar nas ruas, até que um bando de loucos o envolveu, todos gritando e rugindo como animais desesperados, suicidas como ele, sendo todos fustigados por milicianos em cavalos, armados de pontiagudas lanças, e o arrastou para o vale do sofrimento. Há de se pensar, pois assim ocorre, que em um lugar no qual predominam o remorso, a vingança, o ódio, o medo e a dor, nada existe de belo ou aconchegante, sendo antes uma atmosfera fumarenta e agressiva na qual as dores se somam e todos sentem a intensidade incontrolável da desdita de todos. E desse lugar os desgraçados que o adentram só poderão sair quando esgotados estiverem as suas reservas vitais, seus sentimentos negativos e tudo quanto os prenderem à sintonia que os aprisionam ao local.

Não existe uma norma, um padrão para determinar a sorte dos que se matam. Cada morte por suicídio tem atenuantes ou agravantes. Um paciente terminal que freia sua existência, alguém diante da tortura que abrevia a vida, um louco, um depressivo, um obsidiado, um devedor cercado por ameaças de credores, são situações desesperadoras que exigem o acréscimo de misericórdia, tão fértil nos corações bondosos.

Um resumo razoável que se poderia escrever sobre o imediato destino dos suicidas após a morte traria, com certeza, dados dessa monta: devido a essa imensa gama de casos com diferentes motivações, alguns suicidas sentem-se presos ao corpo de tal modo que experimentam os efeitos da decomposição cadavérica; outros seguem para regiões de intenso sofrimento na qual deverão esgotar as reservas restantes de resíduos fluídicos e de criações mentais; terceiros tornam-se presas de obsessores, que sendo entidades perversas e criminosas, os utilizam em suas vilanias, notadamente na obsessão de encarnados a quem querem atormentar. Podem se tornar, igualmente, presas fáceis dos vampiros energéticos, cuja ocupação macabra se resume em se aproveitar de espíritos errantes em sofrimento para sugar-lhes as energias residuais pós-desencarnação.

Como vemos, tudo depende dos méritos ou da ausência destes em cada caso. Alie-se a isso, em favor dos suicidas, a misericórdia divina que não cessa de jorrar sobre o sofrimento humano; leve-se em conta, também, as orações e o trabalho missionário que muitas pessoas ou grupos oferecem a estes sofredores; e por fim, some-se a este montante o esforço de grupos que se dedicam exclusivamente a dirimir as causas desse drama bem como a levar o auxílio concreto aos locais de purgação onde os suicidas temporariamente habitam, pois o sofrimento ali é temporário. A "Legião de Servos de Maria", equipe comandada por Maria de Nazaré, que foi a doce mãe de nosso governador planetário, é uma dessas agremiações especializada em dar apoio e aconchego a esse grupo de almas carentes e sofredoras.

Oremos pelos suicidas. A prece tem o poder de aliviar o sofrimento e de elevar a autoestima desses sofredores, porque o enfermo, ao se reconhecer parte do afeto de alguém não se sente perdido em sua solidão desesperadora. Ao saber que alguém se lembra dele e lhe envia votos de superação e desejos de que melhore, sai do seu torpor e inicia um esforço extra de recuperação. Em *O Evangelho segundo o Espiritismo,* capítulo XXVIII, deixou Kardec essa lembrança afetuosa para os suicidas:

> Prece – Sabemos qual a sorte que espera os que violam a vossa lei, Senhor, para abreviar voluntariamente os seus dias! Mas sabemos também que a vossa misericórdia é infinita. Estendei-a sobre o espírito fulano, Senhor! E possam as nossas preces e a vossa

comiseração abrandar as amarguras dos sofrimentos que suporta, por não ter tido a coragem de esperar o fim das suas provas! Bons espíritos, cuja missão é assistir os infelizes, tomai-o sob a vossa proteção; inspirai-lhe o remorso pela falta cometida, e que a vossa assistência lhe dê a força de enfrentar com mais resignação as novas provas que terá de sofrer, para repará-la. Afastai dele os maus espíritos, que poderiam levá-lo novamente ao mal, prolongando os seus sofrimentos, ao fazê-lo perder o fruto das novas experiências. E a ti, cuja desgraça provoca as nossas preces, que possa a nossa comiseração adoçar a tua amargura, fazendo nascer em teu coração a esperança de um futuro melhor! Esse futuro está nas vossas próprias mãos: confia na bondade de Deus, que espera sempre por todos os que se arrependem, e só é severo para os de coração empedernido.

Que Jesus, o príncipe da paz, médico divino, nos ensine a ter piedade dos sofrimentos alheios.

A ARTE MEDIÚNICA

A ARTE É UMA criação divina para atenuar as agruras desta e de outras vidas. Digo mais: alguns homens não saberiam viver sem a arte. Os mundos, material e espiritual, sendo compostos por homens, pois os espíritos nada mais são que homens despidos da carne, sempre estiveram unidos pelos santificados laços do amor e pelas pesadas correntes do ódio, formando um imenso laboratório no qual as almas se exercitam em ambos os lados de conformidade com suas preferências.

Uma das obras que mais aprecio, na arte da pintura, pois os espíritos invadiram todas elas em patente demonstração de sintonia, inspiração e intercâmbio, é o retrato de Maria ditado por Emmanuel ao fotógrafo Vicente Avela através do médium Francisco Cândido Xavier, por meio de vinte encontros entre 83 e 84 com a finalidade de homenagear o dia das mães de 1984. O retrato mostra o semblante de Maria tal qual ela se apresenta em visitas às regiões de sofrimento, como o "Vale dos suicidas" (ver anexo no final da obra).

Aliás, Chico Xavier foi um grande intermediário das artes transportando-as do mundo espiritual para o mundo material. Obras literárias de grande valor verteram através de suas abençoadas mãos para o esclarecimento da humanidade. E para estrear bem, os imortais iniciaram pelos poemas, através do *Parnaso de além-túmulo* no qual poetas e poetisas da grandeza de Auta de Sousa, Castro Alves, Augusto dos Anjos, Cruz e Sousa, Antero de Quental, dentre outros, fizeram a emoção do povo vir à tona.

Li em um artigo inglês, cujo título me foge à memória, que Charles Dickens estava trabalhando no livro *O mistério de Edwin Drood* quando morreu subitamente, em 9 de junho de 1870, aos 58 anos de idade. Seu imenso e fiel público leitor, até mesmo a rainha Vitória, ficou desolado. Dois anos depois, Dickens retornava, através da mediunidade de Thomas P. James, jovem e inculto médium americano, para finalizar a obra.

Handel, o famoso compositor de "O Messias", segundo seu biógrafo, Stefan Zweig, passou 21 dias enclausurado para compor esta obra em homenagem a Jesus, sem se alimentar corretamente, extasiado e completamente absorvido nesse trabalho. Na primeira vez em que ele executou o oratório "O Messias", declarou publicamente: *este trabalho é obra de alguém fora de mim e eu jamais poderia aceitar um único níquel advindo dele, pois não me pertence. Tudo quando vier a render deverá ser destinado aos enfermos, pois eu estava doente e me curei; estava prisioneiro e me libertei.* Quando "O Messias" foi tocado, a emoção que ele causou foi tão grande que o rei George II levantou-se, num impulso espontâneo, seguido de toda sua corte ouvindo-o de pé.

Podemos ainda lembrar da médium Rosemary Brown

que obteve destaque na mídia nos anos 70. Ela se apresentou em programas de TV, dentre eles um documentário para a emissora britânica BBC, em abril de 1969, sempre tocando a música dos imortais passada a ela pela psicografia. Nesta ocasião, chegou a "psicografar" diante das câmeras uma partitura inédita de Liszt.

André Luiz escreve em sua obra *Os mensageiros* que muitas criações artísticas que nos enternecem em nossos museus e livrarias não são originalmente da Terra. Vejamos o fragmento de texto:

> O quadro de Florentino Bonnat - A sede do posto de socorro - foi construída à maneira de formoso castelo europeu dos tempos feudais. As escadas de substância idêntica ao mármore impressionavam por sua beleza. Uma varanda extensa e enfeitada de hera florida, diferente da conhecida na Terra, dava acesso a um vasto salão mobiliado ao gosto antigo. Nas paredes, quadros maravilhosos. Uma tela de Bonnat, representando o martírio de São Dinis, o apóstolo gaulês rudemente supliciado nos primeiros tempos do cristianismo, enfeitava o salão. André Luiz informou ao administrador do Posto de Socorro que o original daquele quadro, segundo sabia, encontrava-se no Panteão de Paris. Alfredo, o gentil anfitrião do pequeno grupo, retrucou dizendo que, na verdade, aquele quadro fora feito por nobre artista cristão, numa cidade espiritual ligada à França. Em fins do século passado, o grande pintor Bonnat, durante o

> sono, visitou aquela colônia e viu o quadro, depois reproduzido por ele em tela que ficou célebre no mundo inteiro. Muitas criações artísticas são obras dos homens, mas nem todas são originariamente da Terra, esclareceu o administrador do Posto de Socorro.
>
> ***Os mensageiros*, André Luiz, psicografia de Chico Xavier Cap. 16, pp. 88 a 91**

E, finalmente, o texto de Yvonne, amante da arte, como explica em suas próprias palavras, no livro *Cântico dos cânticos* – volume I (Edições CELD):

> A poesia é uma das mais belas artes que honram a cultura humana. Ela tem servido e exaltado os feitos e as ações mais nobres que os homens têm conseguido realizar. O Evangelho, a religião, o amor, a caridade, o heroísmo, o civismo, a dor, a virtude, a beleza, a alegria, a natureza, a própria ideia de Deus, sempre serviram de temas para a consagração dos verdadeiros poetas, os quais souberam sentir e interpretar as impressões que tais sentimentos produzem na alma humana.

Passemos, por fim, ao texto escolhido para dar substrato a este tema tão grandioso:

> Na manhã seguinte – acrescentara a narradora –, Eunice, que é hábil desenhista e inspirada

pintora, traça a lápis o retrato da irmãzinha que a visitara em espírito, reproduzindo o magnífico vestido de além-túmulo, sem omitir um único detalhe, pois a aparição, muito nítida e caprichosa, se decalcara poderosamente em sua retina mental, permitindo a reprodução integral do que fora presenciado. E nós arremataremos: exatamente como agiu o pintor alemão Alberto Dürer, ao desejar passar para a tela as imagens dos quatro evangelistas, após vê-las materializadas no ar, da janela da sua água-furtada, e como os médiuns literários, que, obtendo do Espaço, durante transportes mediúnicos ou transes felizes, pela ação dos seus Guias Espirituais, a narrativa encenada de grandes dramas de vidas humanas, os transcrevem em romances e belas historietas instrutivas, sob a assistência dos mesmos Guias, para edificação dos leitores.

Espera a jovem pintora transportar o pequeno desenho para um quadro a óleo, sobre o qual imprimirá as cores que lhe foram apresentadas durante a visão, quadro que ficará como testemunho valioso de mais um lindo e comovente fenômeno que o Consolador, prometido por Jesus, é pródigo em conceder aos homens.

***Devassando o invisível*, Yvonne Pereira**

Podemos, sem nenhuma margem para dúvidas, concluir com este pensamento de Wolfgang Amadeus Mozart: *para fazer uma obra de arte não basta ter talento, não basta ter força, é preciso também viver um grande amor.* Que todos possam encontrá-lo, cultivá-lo e vivenciá-lo profundamente. Um grande amor, pelos benefícios que causam, só pode vir da parte de Deus.

Suicídio por obsessão

A GRANDE MAIORIA DOS processos obsessivos iniciados no planeta deve-se à vingança. O atraso moral no qual estamos mergulhados ainda não permite que o amor, esse conciliador por natureza, comande as aflições e as contendas curtidas aqui na Terra. Não afeitos à compreensão nem ao perdão, ofendemo-nos por somenos, não conseguimos administrar as frustrações, as decepções, muito menos as agressões que nos são dirigidas.

Nessa pressa de ver o agressor passar pelo mesmo que passamos, mas que ao revidarmos imprimimos sempre um acréscimo de agressividade, consideramos a justiça lenta, quando não inoperante, e decidimos praticá-la com as próprias mãos. Avaliamos o evangelho de Jesus correto e belo, mas ainda não temos a força nem a convicção de praticá-lo.

Na condição de doutrinadores aconselhamos o perdão das ofensas porque os fatos não nos atingem, sequer vemos o rosto dos agressores, o que nos dá certa comodidade pelo não envolvimento. Falo por mim, pois mesmo exercendo essa função há mais de meio século, ainda não consigo ver o espírito mau, aquele que leva alguém ao suicídio para escravizá-lo sem que nenhuma ofensa tenha recebido, como merecedor de misericórdia. Em casos tais tenho a tendência de tratá-lo com todo rigor, esquecendo-me de que a compaixão também faz parte da lei. Às vezes as condições apresentadas por espíritos assim, cruéis, são tão chocantes que meu senso de justiça aponta para a aplicação da disciplina férrea e excluo os afagos da indulgência. Mas cita o evangelho o amor pelos criminosos. Entendo, mas ainda não sinto, embora compreenda o estágio de ignorância de alguns agressores. Quando essa agressão parte de quem é letrado, um cientista, por exemplo, a vibração do amor fica tolhida e só sai a energia ígnea, principalmente quando o atacante maltrata velhos e crianças.

Enquanto doutrinadores reconhecemos que a obsessão é a argamassa do nosso trabalho. A tecla na qual insistentemente bato e elevo à causa principal das causas da obsessão é a da dificuldade em perdoar as ofensas ou o que julgamos ser uma ofensa a nós dirigida. Para muitos, agravo quer dizer revide e revide se traduz em início de guerra. O orgulho de alguns não permite perdoar as contendas mais simples, quanto mais aquelas que verdadeiramente ferem fundo como a traição e o abandono.

O mundo aparenta ser assim um campo minado, onde um passo em falso significa estopim para a violência. A agressividade é uma tendência em agir ou responder de forma violenta, em outras palavras, senso comum nos mundos inferiores. Um cenário assim fértil é o campo para as obsessões, e o que não falta é trabalho para médiuns e doutrinadores.

Allan Kardec foi quem descortinou o entendimento para esse flagelo que atormenta grande parcela da humanidade. Em todos os seus escritos podemos ler sobre métodos, técnicas, instalação, evolução e tratamento da obsessão. Vejamos esses casos:

> A voz dizia: Vem! Vem! Mas essa voz do tentador teria sido ineficaz, se a ação direta do espírito não se tivesse feito sentir. O pobre suicida era chamado e era impelido. Por quê? Seu passado era a causa da situação dolorosa em que se achava; apegava-se à vida e temia a morte. Mas, pergunto, nesse apelo incessante que ouvia, encontrou força? Não; hauriu a fraqueza que o perdeu.
>
> Superou os temores, porque, enfim, esperava encontrar do outro lado da vida o repouso que o lado de cá lhe negava. Foi enganado: o repouso não veio. As trevas o cercam, sua consciência lhe censura o ato de fraqueza e o espírito que o arrastou escarnece ao seu redor e o criva de motejos constantes. O cego não o vê, mas escuta a voz que lhe repete: Vem! Vem! E depois zomba de suas torturas.
>
> A causa deste caso de obsessão está no passado, como acabo de dizer; o próprio obsessor foi impelido ao suicídio por esse que acaba de fazer cair no abismo. Era sua mulher na existência precedente e tinha sofrido consideravelmente com a devassidão e as brutalidades de seu marido. Muito fraca para aceitar com resignação e coragem a situação que lhe era dada, buscou na morte um refúgio contra seus males. Vingou-se depois, e sabeis como.
>
> Entretanto, o ato desse infeliz não era fatal; tinha

aceito os riscos da tentação; esta era necessária ao seu adiantamento, porque só ela podia fazer desaparecer a mancha que havia sujado sua existência anterior. Aceitara seus riscos com a esperança de ser mais forte e se havia enganado: sucumbiu. Recomeçará mais tarde; resistirá? Isto dependerá dele.

Rogai a Deus por ele, a fim de que lhe dê a calma e a resignação de que tanto necessita, a coragem e a força para não falir nas provas que tiver de suportar mais tarde.

Allan Kardec. *Revista Espírita,* janeiro de 1869

Pergunta ao guia do médium:

– Um espírito obsessor pode, realmente, levar o obsidiado ao suicídio?

R. Certamente, pois a obsessão que, de si mesma, é já um gênero de provação, pode revestir todas as formas. Mas isso não quer dizer isenção de culpabilidade. O homem dispõe sempre do seu livre-arbítrio e, conseguintemente, está em si o ceder ou resistir às sugestões a que o submetem. Assim é que, sucumbindo, o faz sempre por assentimento da sua vontade.

Quanto ao mais, o espírito tem razão dizendo que a ação instigada por outrem é menos culposa e repreensível, do que quando voluntariamente cometida. Contudo, nem por isso se inocenta de culpa, visto como, afastando-se do caminho reto, mostra que o bem ainda não está vinculado ao seu coração.

Allan Kardec, *O Céu e o Inferno*

Todavia é preciso entender que nem todos os obsessores são maus. A grande maioria é apenas magoada, sofrida, traumatizada por violência praticada por quem atualmente persegue. Doutrinador que não se coloca no lugar do obsessor, que não alia seu sentimento às palavras que pronuncia, não vai além de um julgador ou comentarista despreparado. Vejamos na escrita detalhada de Bezerra de Menezes, a atuação do obsessor em casos de suicídio.

> Os suicídios que tiveram por causa a obsessão de um espírito perverso, sobre o encarnado, apresentam certa parcela de atenuantes para a vítima e agravantes para o algoz. Existem suicidas que se viram sugestionados a cometerem o ato terrível, através do sono de cada noite, por uma pressão obsessora do seu desafeto espiritual, desafeto que poderá ser também um espírito encarnado, e à qual não se puderam furtar, tal o paciente que, recebendo do seu magnetizador uma ordem durante o transe sonambúlico, cumpre-a exatamente dentro do prazo determinado por este, mesmo quando se passaram já muitos meses depois da experiência.
>
> Outros existem que não querem absolutamente morrer, não desejam o suicídio; que relutam mesmo contra a ideia por que se veem atormentados e se horrorizam ao compreender que algo desconhecido os arrasta para o abismo, abismo esse que temem e ante o qual se apavoram. Apesar disso, sucumbem, precipitam-se nele, uma vez que, deseducados da

luz das verdades eternas, desconhecedores do verdadeiro móvel da vida humana, como da natureza espiritual do homem, não lograram forças nem elementos com que se libertarem do jugo mental terrível e malfazejo, cujo acesso permitiram.

Eles veem junto a si antes de efetivado o ato, com impressionante segurança, tais se materializados fossem diante dos seus olhos corporais, os quadros mentais que o obsessor fornece através da telepatia ou da sugestão: - um receptáculo de veneno ou substância corrosiva; um revólver engatilhado, que misteriosa mão sustém, oferecendo-lhe; uma queda de grande altura, onde eles próprios se veem despenhando; um veículo em movimento, sob o qual se deverá arrojar etc.

Sofrem assim, por vezes, durante meses consecutivos, sem ânimo para confidenciarem com amigos, uma agonia moral extenuante e arrasadora, uma angústia deprimente e inconsolável, que lhes agravam os males que já os infelicitavam, angústia que nenhum vocábulo humano será eficiente para bem traduzir. Notemos, todavia, que tratamos tão somente da obsessão simples, ou seja, daquela que é ignorada por todos, até mesmo pelo obsidiado, da que se não revela ostensivamente, objetivando alteração das faculdades mentais, mas que, sutilmente, ocultamente, através de sugestões lentas, sistemáticas, solapa as forças morais da vítima, tornando-a, por assim dizer, incapaz de reações salvadoras.

Pouco a pouco, sob tão doentia pressão magnética, uma tristeza suprema e avassalador desânimo comprometem as energias do assediado. Aterrador alarme desorienta-o, todos os fatos da vida, mesmo os mais vulgares, se lhe apresentam ao raciocínio contaminados pela infiltração obsessora, dramáticos, maus, irremediáveis! Esquece-se ele de tudo, até mesmo do seu Criador, ao qual, em verdade, jamais considerou, mas em cujo amor encontraria proteção e forças para resistir à tentação.

E somente se preocupa com o meio pelo qual se furtará aos males que o afligem. Então sucumbe sem apelação, curva-se à vontade que conseguiu dominar a sua vontade, servindo-se da sua fraqueza de homem despreocupado das razões da vida e ignorante de si mesmo, que da existência só conheceu, muitas vezes, a feição meramente animal. Daí se concluirá, então, da necessidade de os homens procurarem conhecer a si mesmos, isto é, que possuem nos recessos da personalidade um sexto sentido, um dom natural capaz de permitir tais desastres, se se conservar ignorado, e se eles próprios, os seus portadores, preferirem viver alheios às causas sérias e elevadas, que lhes permitiriam a harmonização com estados psíquicos superiores, que de tudo isso os eximiriam, uma vez que o obsidiado possuirá, forçosamente, para que se torne obsidiado, os ditos dons mediúnicos, tal como toda a Humanidade os possui.

> Ora, o suicídio, assim efetuado, transformou-se antes num assassínio gravíssimo, contornado de agravantes, cometido pelo obsessor, que responderá pela crueldade exercida, perante a justiça do Criador Supremo. Quanto ao obsidiado, sua responsabilidade certamente foi profunda, em razão de haver permitido acesso às arremetidas inferiores, por se conservar igualmente inferior, não desejando o próprio progresso com a renovação dos próprios valores morais à procura do ser espiritual e divino existente em si, não tentando reações de ordem moral e mental para dignamente se equilibrar nos deveres impostos pela existência. Responderá, portanto, pela fraqueza e a descrença que testemunhou, enfrentando, após o suicídio, momentos críticos, decepcionantes, da vida do Além, e retornando à Terra para, em existência nova, terminar a que fora interrompida pela fragilidade demonstrada ao entregar-se às mãos do algoz, sem tentar defender-se com as devidas diligências, ou reações.
>
> ***Dramas da obsessão*, Bezerra de Menezes, psicografia de Yvonne Pereira**

O interessante nesse obsessor, cujo plano era levar toda a família ao suicídio, foi escolher o gênero de morte que mais sofrimento causasse aos seus oponentes. Para isso ia frequentemente ao vale dos suicidas para aferir o grau de agonia e de aflição que acomete aos que lá padecem. Vejamos nas suas palavras, seus argumentos:

> Acho-me em vésperas de colher mais dois em minhas redes, para atirá-los ao báratro dos réprobos... Tu conheces o báratro dos réprobos? Mergulho-me nele por algumas vezes, a buscar inspiração para o meu ódio e as minhas vinganças. É horrível! Hei visto por aí todos os baixos níveis da sordidez humana, dos sofrimentos e depressões, mas nada se me afigurou mais sórdido do que a abjeção do suicida! E nem te poderei explicar, porque me faltariam palavras! Os esgares que ele apresenta nas convulsões traumáticas, suas revoltas, suas blasfêmias de demônio enlouquecido, sua pavorosa confusão, eternamente envolvido em ânsias e sombras de pesadelo, suas diabólicas alucinações e seus furores e raivas são inconcebíveis por um raciocínio normal... e todo o monstruoso cortejo dos seus males agrada-me para aplicar em meus algozes, os algozes de meus filhos e de minha Ester... Torná-los, a todos, suicidas! Eis o meu anelo supremo! Oh, que alegria para o meu coração, que se rebelou para sempre! Já atirei dois deles.
>
> ***Dramas da obsessão*, Bezerra de Menezes, psicografia de Yvonne Pereira**

Como o suicídio se tornou uma pandemia, cerca de um em cada quarenta segundos, segundo a OMS, Organização Mundial da Saúde, podemos creditar à obsessão boa parte deles. Mesmo com as falanges do bem em esforço contínuo para evitar tragédias, elas se concretizam, em grande parte, devido à invigilância dos indivíduos, sempre mais afeitos às coisas materiais que as espirituais. Por outro lado, a falta de estima e apreço aos valores morais e espirituais, a equivocada prioridade e falta de comprometimento com esses valores éticos fragilizam a fibra do guerreiro do bem que habita em cada um. Muitos se interessam apenas pelas ocorrências e atuações no espaço berço-túmulo, esquecidos dos investimentos a serem feitos com vistas à outra pátria, a definitiva.

Como pululam ao redor da Terra e entre nós toda sorte de espíritos baderneiros atraídos pelos nossos pensamentos menos dignos, e como eles se comprazem em interagir conosco, forçoso é concluir que temos companhias que nos desejam o fracasso a cada passo. Por isso amigo, o "vigiai e orai", conselho do nosso Mestre, deve ser a ordem do dia, a cada dia. Curiosamente, quando o elétron salta de uma órbita para outra, ele não pode ser encontrado entre as órbitas no momento do salto. Nesse momento, o elétron está possivelmente em outra dimensão invisível aos nossos olhos. Quando ele salta emite luz. Sejamos quais elétrons. Perseguidos, saltemos! Escondamo-nos nas paragens doces dos planos espirituais buscando abrigo onde nossos guias se encontram. A luz emitida fica por conta da oração de cada dia.

AS GRAVAÇÕES DE EVENTOS NO ÉTER

É DO CONHECIMENTO DE muitos estudiosos que todos os fatos transcorridos em determinado local ficam gravados no éter, podendo ser recuperados acionando-se os mecanismos de fazê-los se mostrarem, mediante técnicas sob o domínio de especialistas. Que maravilhoso seria recuperar os episódios nos quais Jesus ensinou, curou e conviveu entre nós. Como seria fantástica a história da Terra vista sob este prisma. Os personagens históricos Buda, Alexandre da Macedônia, Sócrates, Pitágoras... sairiam da obscuridade e entrariam em nossas retinas em espetáculo colorido e real.

Nunca li um livro sobre este tema e até tenho certas dúvidas se tal livro existe. Não falo de ficção científica, túnel do tempo ou similares. Refiro-me ao potencial do espírito de reaver episódios a partir do seu poder mental, sua excelência intelectual e moral. Charles, um dos mentores de Yvonne Pereira, em seu livro, *O drama da Bretanha,* no qual descreve a cena do suicídio de Andrea de Guzman, encarnação passada de Yvonne, nos relata a utilização desse método:

> Sentei-me, comovido, sobre vetusta poltrona

Luís XIV, em damasco azul e ouro, e abandonei-me a esta invocação: ó potências augustas da minha alma! Distendei vossas percepções gloriosas pelo éter que circunda esta região desolada. Perscrutai os arquivos das ondas luminosas que vibram ainda em derredor desta habitação. Aplicai vossos sentidos mais poderosos, mais sensíveis, a examinar a fluidez sagrada das vibrações que ainda flutuam na essência cósmica que envolve esta nobre mansão e seus sugestivos arredores. Palpitam ainda por aqui, eu bem o sinto, as repercussões impressionantes do que fizeram, do que pensaram, do que sofreram aqueles que nela habitaram pela última vez!

Dai-me o poder de ler na sutileza dessas mesmas vibrações, **fotografadas e impressas nas ondas luminosas do éter**, as cenas do drama que entrevejo através das impressões que me molestam o coração! E mostrai-me o que sucedeu a Andrea, para que um fim terreno tão trágico a arrebatasse. Quem sabe se lições de grande valor moral eu aí colherei para mim próprio, ou para aqueles por quem sou responsável? (grifo meu)

Então, pouco a pouco, os meus sentidos espirituais, poderosos porque revigorados pela ação da vontade, se movimentaram, e um panorama extenso descortinou-se aos meus olhos, desenrolando-se o drama que trasladei para estas páginas, drama que, um dia quem sabe poderá também ser presenciado pelo leitor na ação da vida espiritual, visto que suas cenas perdurarão por milênios impressas

> nas vibrações da luz. O castelo, nobre e evocativo, apresentou-se então em todo o seu esplendor passado, fulgurante de luzes e movimentação e compreendi que era a noite do Natal do ano de 1804.

Nota-se que Charles não dispunha de qualquer equipamento tecnológico para a captação das imagens e que todos os recursos aplicados com sucesso absoluto, vieram de si próprio. Disse ele: *Então, pouco a pouco, os meus sentidos espirituais, poderosos porque revigorados pela ação da vontade, se movimentaram, e um panorama extenso descortinou-se aos meus olhos.* Após a prece fervorosa por ele emitida ampliaram-se os poderes de sua alma, que revigorados, passaram a ver como se às imagens estivessem sempre ali, e estavam, mas somente acessíveis a quem vibrasse em determinada frequência para captá-las. Atingida a frequência pela meditação e pela prece que fizera, naturalmente ele teve acesso às imagens.

Outro ponto importante a que se refere Charles é a certeza de que não somente ele, mas qualquer espírito, desde que atingida aquelas condições conseguidas por ele, poderia capturar em detalhes aquela história. Eis suas palavras: *drama que trasladei para estas páginas, drama que, um dia quem sabe poderá também ser presenciado pelo leitor na ação da vida espiritual, visto que suas cenas perdurarão por milênios impressas nas vibrações da luz.*

Se aquela tragédia comum, sem realimentações do ocorrido pelo recontar da história, pelas lembranças e apelos alimentados por recordações, o que certamente deixaria muito mais viva as imagens, lhe foi relatado pelas ondas com todas as sutilezas, imagine o drama vivido por Jesus, cuja intensidade e o envolvimento de milhares de pessoas, com as variáveis da fé, do amor, da esperança e de um sem-número de emoções vividas até hoje, como seria captado?

Acredito que um dia, quando tivermos merecimento para usufruir de uma tecnologia aplicando-a apenas no bem, poderemos filmar tais eventos e nos maravilharmos com a eternidade da história, trazendo para o presente o que foi passado.

Com Charles aprendemos nesse episódio que o poder do espírito é inimaginável; que realmente somos deuses como afirmou Jesus. Mas para utilizar todo o potencial de que somos agraciados por Deus somente com a evolução gradativa de nossos pendores morais e intelectuais. Não nos enganemos quanto à aquisição da paz e da felicidade buscando-as nesta terra ainda imperfeita e sob a influência negativa das forças do atraso. Surpreende-nos sabermos que somos personagens de filmes praticamente eternos, com nossas fisionomias e emoções gravadas por onde passamos. Nossa biografia, registro de identidade e história de vida podem ser acessadas a qualquer tempo a nosso favor ou contra nós, a depender de como nos comportamos em nossas existências.

Assusta-nos o número de câmaras filmadoras em cada esquina, mas parece que apenas seguimos um modelo antigo de registrar eventos. Aproveitemos o tempo, não de olho nas batidas do relógio, que nada registram, mas através das batidas do coração, que tudo grava. E Que Deus nos ajude a não mancharmos ou queimarmos nosso filme.

O TEMPO

O DESLIZAR DO TEMPO é um mistério para todos. Costumamos dividi-lo em três partes: passado, presente e futuro, mas, segundo Santo Agostinho, só temos a capacidade de perceber e medir o tempo no momento em que transcorre. A reflexão filosófica sobre o tempo, de Agostinho, que antes de ser religioso foi uma espécie de boêmio vivendo no vício e no pecado segundo seus biógrafos, e que muita preocupação deu à sua mãe, Santa Mônica, que passou mais de trinta anos orando pela sua conversão ao cristianismo, se encontra no Livro XI da obra *Confissões*, texto autobiográfico, redigido entre os anos de 397 e 398.

Nesta sua produção questiona o "santo":

> Que é, pois, o tempo? Quem poderá explicá-lo clara e brevemente? Quem o poderá apreender, mesmo só com o pensamento, para depois nos traduzir por palavras o seu conceito? E que assunto mais familiar e mais batido nas nossas conversas do que o tempo? Quando dele falamos, compreendemos o que dizemos. Compreendemos também o que nos dizem quando dele nos falam. O que é,

> por conseguinte, o tempo? Se ninguém me perguntar, eu sei; se o quiser explicar a quem me fizer a pergunta, já não sei. Desta forma, não conseguimos medir o tempo. O presente porque não tem nenhum espaço; o futuro porque ainda não veio e o passado porque já não existe mais. Podemos perceber e medi-lo apenas no momento em que está decorrendo.

O cérebro não distingue se a dor do dente que você sentiu há dez anos está ocorrendo agora que você lembrou-se dela e reviveu o ocorrido ou se mora no passado. Para ele o evento está ocorrendo no momento em que você o revive. Na doutrinação de espíritos notamos essa alienação de certos comunicantes com relação ao tempo. Há cerca de cinco anos, conversando com um obsessor que perseguia alguém a quem dizia ter sido o seu feitor no passado e que muito o maltratara no tronco, argumentei: mas isso já faz tanto tempo! Os escravos já foram libertos há mais de um século, no que ele retrucou: muito tempo? Não, meu senhor! Isso foi ontem! Veja as marcas do chicote no meu lombo e as queimaduras em minha pele!

Entendi então que aquele espírito ainda estava no tempo da escravidão. Para ele o tempo não transcorrera e tudo em que ele acreditava e no qual se orientava eram as lembranças ainda vivas e as feridas ainda não cicatrizadas na sua pele e na sua alma. Se atentarmos para os estudos de Einstein seremos atropelados por exemplos extraordinários. Senão vejamos: se você estiver andando, por exemplo, as horas vão ser mais vagarosas para você do que para alguém que esteja parado. Mas, como as velocidades que vivenciamos no dia a dia são muito pequenas, a diferença na passagem do tempo é ínfima.

Entretanto, se fosse possível passar um ano dentro de uma espaçonave que se desloca a 1,07 bilhão de km/h e depois retornar para a Terra, as pessoas que ficaram à sua espera estariam dez anos mais velhas! Como elas estavam praticamente paradas em relação ao movimento da nave, o tempo passou dez vezes mais rápido para elas. Dessa forma, o tempo deixa de ser um valor universal e passa a ser relativo ao ponto de vista de cada um - daí vem o nome "Relatividade". Einstein ainda considerou em seus estudos que o tempo vai passando cada vez mais devagar até que se atinja a velocidade da luz, de 1,08 bilhão de km/h, o valor máximo possível para que um corpo material se desloque no Universo.

Mas para o espírito que se desloca com a velocidade do pensamento, bem maior do que a da luz, basta pensar: eu vou à Lua, e já estará lá. Neste caso como transcorrerá o tempo para ele? Para esses espíritos, tão ágeis no deslocamento, o tempo seria lento, mas nunca monótono. Mas terá algum interesse em aprofundar esse tema, um espírito que jamais envelhece e que é imortal? Acredito que sim pela aquisição do conhecimento e entendimento das questões científicas e filosóficas, mas na prática ele está imune à ação física do tempo. Há certa poesia na análise do tempo. Ele escorre sempre, vindo de não sei onde, indo para não sei onde. É como o espírito, que sopra onde quer e vai aonde quer.

Em termos espirituais o tempo para o espírito é o tempo das suas fixações mentais. Vejo nas reuniões que dirijo, desobsessão, um dos mentores da casa, nosso amigo hindu, diante do sofrimento imenso de um suicida que se comunica apavorado com o apito do trem e o barulho de suas rodas sobre os trilhos, prestes a estraçalhá-lo, enviá-lo através da hipnose para um tempo, um lugar, no qual ele foi feliz.

Eu mesmo comando o transporte: "qual a sua melhor lembrança?" Perguntei a um deles. "Quando vi o mar pela primeira vez", respondeu. Vou enviá-lo para lá, disse. Fiz ligeira prece e contei até três dando-lhe a ordem de regredir no tempo. Quase que imediatamente ele, que gemia e esperneava de dor, começou a sorrir encantado com o barulho, a visão e o cheiro do mar.

Mas analisemos o texto de Bezerra, psicografado por Yvonne:

> – Remoto? Tu dizes um tempo remoto? Não! Foi ontem mesmo! Pois ainda não estamos com o reinado de El-Rei Dom João III? Ainda estou ferido, e também os meus filhos, vês? Ardem-me horrivelmente as queimaduras, e magoam-me... Sangram-me os dedos, de onde me arrancaram as unhas... Sofro muito... e também os meus pobres e queridos filhos, que eram jovens honestos e gentis, que nenhuma ofensa dirigiram àquela malta... mas os quais agora vejo reduzidos a este estado... Foi ontem mesmo, foi!
>
> Oh! Mas sim. Às vezes parece-me que esse tem-

po está muito distante... que tudo aquilo aconteceu há séculos... Mas tal impressão de longevidade se dá porque tenho estado encarcerado muitas vezes... e nas sombras de uma masmorra o tempo se afigura mais longo, não é verdade? E sinto-me cansado, muito fatigado... No momento, pois, vingo-me dos meus algozes de outrora, ou de ontem, nem sei ao certo... desses, que aí estão...

São esses miseráveis e depravados, que vês por aí... a chorarem hipocritamente, clamando por Deus, a quem nunca honraram e em quem não creem... como se fossem dignos de pronunciar tal nome... O que quero é despedaçá-los... Vês aquele, acolá?... O moreno, de olhos grandes e melancólicos, como os de todo hipócrita quando planeja o mal?... Ainda é o mesmo de outros tempos... Foi quem lembrou de nos dilacerar as carnes, abrindo-nos estas feridas...

Conheci-o sob o nome de Fausto de Mirandela. Parece que agora usa outro nome, para melhor se poder ocultar, como faz todo covarde da sua espécie... Pretendo trucidá-lo qualquer dia desses... Quero vê-lo despedaçado, sentindo por todo o corpo as ardências torturantes que eu e meus filhos sentimos, quando nos arrancaram pedaços de nós mesmos com as tenazes em brasa, usadas pelos carrascos da Casa da Inquisição... Há dias atiramo-lo diante de um monstro de ferro e fogo, cujo roncar apavora-nos, monstro que deita fogo, fumo e estrídulos dolorosos, alarmantes... Se o apanhasse, esse monstro o despedaçaria em suas garras, pois

> que as possui inúmeras, grandes, terríveis, destruidoras... Porém, salvaram-no.
>
> Sei que já não sou, propriamente, um homem, mas apenas um simulacro de homem, a despeito de me sentir tão vivo e tão humano como dantes, assim como os meus filhos... e sei que eles, os meus algozes, o são, disfarçados, embora, em outras armaduras... Eles sempre se disfarçaram assim... Noutros tempos vestiam-se de amplas túnicas negras, com capuz e máscara, para não serem reconhecidos pelas vítimas... e também temendo represálias. Não importa, são os mesmos de ainda ontem, e, por isso, vingo-me, pois este litígio desencadeou-se desde nossa arbitrária prisão, em Lisboa.
>
> ***Dramas da obsessão,* Yvonne Pereira**

Aqueles obsessores viviam um atraso de tempo de séculos. Desconheciam o trem de ferro e todas as descobertas e invenções atuais porque estavam fechados em uma viela do tempo construída por eles, infelizmente, para o aprisionamento deles. Assim agimos nós quando insistimos em reviver um passado no qual fomos supostamente ofendidos, magoados ou traídos.

Destravemos o retrovisor. Lembremos de Jesus em sua admirável advertência sobre a coragem de iniciar e perseverar: *todo aquele que põe a mão no arado e olha para trás não está apto ao reino de Deus.* É como lembra-nos o "Eclesiastes": há tempo para nascer e tempo para morrer; tempo para plantar, e tempo para arrancar o que foi plantado. Que cada um saiba construir o seu tempo.

Trabalhar, estudar, dançar, ajudar, namorar, ler poemas, ouvir canções... são atitudes normais em nossa vida, mas devemos vivê-las de modo a não trazer o tempo de recomeçá-las devido à falta de ética e de honestidade encravadas em suas execuções.

REGRESSÕES DE MEMÓRIA

VOLTAR NO TEMPO É uma experiência geralmente dolorosa para o espírito comunicante nas reuniões de desobsessão. Isso porque sendo um obsessor quase sempre se julga vítima do obsidiado, por não ter acesso no momento ao passado distante no qual aquela contenda teve início. Paralisado no revide, ideia cristalizada no instante da agressão sofrida, senso crítico abafado pelo desejo de vingança, concentra todas as suas forças e objetivos no domínio do seu inimigo. Contudo, os mentores não fazem a regressão de memória apenas para revelar o que estava oculto pelo esquecimento, mas, também, para retirar o comunicante de um estado de dor lancinante, de uma loucura severa, do medo atroz, do centro do furacão, como se costuma dizer. Eles o regridem no tempo para um período no qual ele foi feliz, teve paz, saúde, até que possam promover um atendimento mais eficiente do que o ministrado na emergência de uma reunião mediúnica.

É o centro espírita uma casa de oração, oficina de trabalho, mas, igualmente uma emergência hospitalar na qual muitos problemas, tais como a reposição de uma perna, da visão, da locomoção, da hanseníase e de tantas outras dificuldades perispirituais são solucionadas. Todavia há casos que necessitam de uma maior profundidade, em função de o problema enraizar-se no espírito. Aliás, a grande maioria dos entraves que repercutem no perispírito desorganizando sua performance tem gênese no espírito. Se um comunicante em uma reunião de desobsessão se apresenta cego, temos como repor sua visão. Mas se ele julga que merece a cegueira, é portador de um severo complexo de culpa em relação aos olhos que, segundo ele, foram a causa de sua desgraça, permanecerá cego. O problema nesse caso é a monoideia que ele porta; o trauma instalado em sua mente que precisa, primeiramente, ser removido, para que em seguida os médicos e enfermeiros espirituais possam repor sua capacidade visual, que não se encontra localizada apenas nos olhos, mas se expande por todo o perispírito.

Mas o ponto que quero focar nesse texto, e que sempre me provocou muita curiosidade, é o de levar o comunicante pelo hipnotismo até um tempo em que ele foi "feliz". Já fiz isso muitas vezes, melhor dizendo, participei desse evento dezenas de vezes, mas nem sei exatamente como o hindu procede enviando o comunicante, como num passe de mágica, para o outro polo de suas emoções. Ele chega apavorado, enlouquecido pela dor e, de repente, o rosto do médium se ilumina retratando a alegria ou a paz do comunicante.

Essas decisões são tomadas por mim, doutrinador, que nas primeiras vezes tinha certo receio de não ver concretizado o meu desejo, mas o hindu disse: "*Não vacile! Estou do seu lado e estamos a serviço de Jesus.* ***Ele ficará no tempo a que o enviarmos até que sejam organizadas***

as condições ideais para seu tratamento. " Foi então que comecei a compreender que aquele efeito era temporário, pelo tempo necessário para que o início de sua cura real viesse a se tornar realidade.

E foi na obra *Nas voragens do pecado*, em linhas traçadas por Bezerra de Menezes, pelas quais um estudante ou leitor comum passa por cima sem uma grande reflexão, que encontrei a explicação mais detalhada para melhor compreender o que ocorre com o comunicante que sai da reunião em estado mental oposto ao que chegou.

O próprio comunicante, sob a ordem do doutrinador, auxiliado por seu mentor é enviado ao seu *"paraíso", nele permanecendo o tempo que desejar valendo-se apenas da faculdade de recordar o pretérito, se esse pretérito lhe foi propício ou caro* (contido no texto a seguir). Todavia, repetidas exageradamente essas cenas, a princípio tão amadas, acabam por fatigar a mente que as reproduz, fazendo-a cair em monotonia, um tédio que a desmotiva a continuar, imposta pela ânsia de renovação e evolução das mesmas, exigidas pela própria dinâmica da vida.

Antes desse ponto de saturação, os mentores ou técnicos espirituais o retiram do transe e iniciam seu tratamento definitivo. Do estado de espera, mas uma espera diferente do coma, sem as condições de medo constante, ele é despertado para o tratamento do trauma em que se encontra. Quem sabe até seu tratamento possa ter início no estado de "felicidade" em que se situa retornando ao tempo atual quando superado seu trauma? A misericórdia divina tem variados meios de aliviar o sofrimento, mesmo aqui na Terra, quando alguém tem alergia à anestesia e chega um médico que sabe operar utilizando a hipnose na qual o paciente não sente dor porque a isso foi condicionado por uma ordem imperiosa.

Vejamos tais razões no belíssimo texto de Charles:

> **Assim, uma entidade espiritual presa às condições do nosso Luís de Narbonne poderá obter o seu Paraíso relativo e nele permanecer o tempo que desejar, valendo-se apenas da faculdade de recordar o pretérito, se esse pretérito lhe foi propício ou caro. Tal fenômeno da mente desencarnada, vibrado pela vontade em sentido tenaz e positivo, trará visões, impressões, sensações e emoções tão reais como reais foram os fatos que as provocaram no passado unicamente, não trazendo soluções de continuidade, repetindo sempre as mesmas cenas já vividas e sentidas, acabam fatigando a mente que as recorda e entediando as aspirações gerais da própria alma, levando-a a desinteressar-se da manutenção do fenômeno, ou seja – das recordações que a este produz.** (grifo meu)
>
> O mesmo fenômeno realiza o homem encarnado ao recordar do próprio passado; apenas, aqui, a recordação não é objetivada, não passará de um reflexo imaginativo, e as visões não chegarão a transbordar das comportas do pensamento, corporificadas qual a realidade, devido entraves oferecidos pela matéria, enquanto que o desencarnado conseguirá fazê-lo, bastando

uma forte vontade, uma emoção fecunda, um transporte que reacenda as chamas de atos significativos de sua vida que jazem depositados nos refolhos do ser.

No caso de reeducação de entidades endurecidas no mal, no ostracismo ou na ignorância, é usual, nos métodos educativos do mundo invisível, levar o paciente a rever o próprio passado em recordações - retrospectos mentais ou regressão da memória - impostos por processos magnéticos, o que obrigará o mesmo paciente a se examinar e rever minuciosamente, tal como se ateve numa ou várias existências e até no próprio Espaço, pois pode haver casos em que a individualidade interessada, cuja consciência se sobrecarregue de delitos, recalcitre, daí a necessidade de reexaminar os próprios atos passados que a envergonhariam e confundiriam sobremodo.

Obrigam-na então ao melindroso estudo de si mesma seus educadores espirituais, para fins úteis e sempre generosos para com ela própria. Além do mais, muitos criminosos desencarnados, cujas mentes se encontrem traumatizadas pelos remorsos, em condições vibratórias incontroláveis, desesperadoras, não se podem apartar das recordações dos crimes e erros cometidos; e reveem tudo quanto de mal praticaram. Reveem suas vítimas, as cenas dos crimes se desenrolam à sua frente qual macabro retrospecto, e visões idênticas aos praticados se superpõem em suas alucinações, vigorosamente, tal se suas mentes fossem um grande livro onde páginas e páginas se voltassem no serviço angustiante das mais chocantes e incomodativas observações.

Então, verdadeiros dramas, cenas trágicas e dilacerantes movimentam-se em torno deles, corporificadas pela ação vigorosa do pensamento despertado. E, desesperados, sofredores, vivem mergulhados num estado mental infernal, do qual nada sobre o mundo objetivo, ou terreno, poderá apresentar aproximada ideia. E até nas reuniões práticas de espiritismo onde o sagrado intercâmbio entre homens e espíritos se processa, tais fenômenos costumam verificar-se visto que os instrutores espirituais que educam os homens, nas operosidades da Terceira Revelação, desde muito lhes ensinaram o processo magnificente do exame retrospectivo do próprio "eu", na pessoa das entidades comunicantes rebeldes, a fim de fazê-las meditar ao choque sempre penoso das recordações visíveis do passado.

No além-túmulo, frequentemente, os servos do bem esbarram com entidades desencarnadas atidas às lembranças e saudades da sua passada vida terrestre, por vezes no próprio local em que transcorreram seus dias e onde se desenrolaram os acontecimentos mais gratos; ou presos à ambientação por elas mesmas formada, à força de recordar e pensar, idêntica às que preferiram quando encarnadas, fruindo as mesmas delícias já fruídas, prisioneiras de uma rotina que, não podendo ser alterada, porquanto são os reflexos de uma realidade fotografada nas faculdades apropriadas da alma, tendem a cansá-las e a impeli-las a aquisições mais concordes com a intensidade das aspirações que lhes tumultuam no ser impregnado de forças divinas.

Assim acontecendo, tratar-se-á antes de um defeito, um traço de inferioridade da individualidade espiritual que se detém debatendo-se nas sombras do pretérito. Todavia, a faculdade é preciosa e destinada a santos labores para o andamento do porvir. Mas, como o exemplo será melhor lição do que a exposição simplesmente teórica, vejamos o fenômeno em apreço realizado pelas forças mentais pouco evoluídas da nossa personagem Luís de Narbonne. Acrescentaremos, ainda, que semelhantes operações mentais, sendo rigorosamente educadas e contornadas pela vontade soberana das almas evolvidas e eleitas, estas só recordam e veem o que desejarem, mas serão espontâneas e irreprimíveis nas entidades vulgares e inferiores, dado que nestas as forças mentais se encontram ainda deseducadas.

***Nas voragens do pecado*, Charles,**
psicografia de Yvonne Pereira.

Enfatizo aqui a misericórdia divina, sempre farta em soluções agradáveis, em demonstração profunda de amor pelos sofridos. A dor, que tem causa na maioria das vezes no "pecado", como relacionava Jesus ao promover as curas (vai e não peques mais), tem da misericórdia divina um tratamento caridoso e aconchegante, pois é da Lei que devemos repelir o erro, mas não aquele que erra. Sabemos que existe a dor que é própria da evolução, mas promovendo essa mestra um processo pedagógico que ensina preciosas lições, não se converte em fator de preocupação espiritual.

É a regressão de memória uma técnica largamente utilizada em reuniões de desobsessão. Entre desencarnados bons e maus, ela é utilizada para fins variados conforme seus propósitos. Que Deus nos conserve no lado bom: o Seu.

Deixados à própria sorte

Sabemos que Deus é sempre pródigo em nos proteger e inspirar. Sempre afirmamos que Ele jamais abandona Seus filhos; que mesmo o mais miserável e abjeto ser tem sua misericórdia paternal assegurada, pois é da lei divina oferecer novas oportunidades. Mas diante de repetidas chances perdidas não há um paradeiro? E quando a rebeldia ultrapassa o limite estabelecido pela Lei? Quando o bom-senso é deixado de lado e o orgulho, a prepotência e a crueldade comandam as rédeas que clamam pelo direcionamento da razão? Não haveria para a ajuda celeste o momento do basta?

É correto dizer que Deus dá sempre novas oportunidades de recomeço, mas não seriam tais oportunidades concedidas mediante um comprometimento de mudança comportamental? Às vezes é preciso deixar o teimoso entregue à própria sorte para que sinta os efeitos dos males por ele causados. Um anjo guardião pode afastar-se e ficar observando de longe o seu protegido quando seus conselhos são relegados. Um amigo diz não, quando necessário. Amar não é sempre dizer sim, mas negar e até se afastar caso haja necessidade.

Na parábola do filho pródigo, belíssima lição deixada por Jesus, vemos o comportamento exemplar do pai de família. Deixou o filho ir sem ficar a vigiá-lo. Não fez exigências materiais nem emocionais. Ele ficou entregue ao seu comando. O pai deixou de amá-lo? Não! Esperou que o mundo, como se costuma dizer, ensinasse àquele filho as lições que sua imaturidade ainda não lhe permitia entender. Em sua volta, humilhado e sofrido pela pedagogia da dor, recebe de seu pai o perdão incondicional. Essa é a história não somente de muitos indivíduos, mas, também, de povos e até de planetas que se deixam levar por líderes e teorias destituídas da moral evangélica. Vejamos no admirável texto de Bezerra de Menezes, esta explicação:

> Qual o corretivo, porém, a aplicar? Que punição bastante justa, castigo assaz sábio para, corrigindo-o, não reverter em impiedade por parte da lei que os permitisse? De fácil solução seria o problema, aplicado tantas vezes entre os endurecidos no mal, pela mesma lei: – **deixá-lo inteiramente entregue ao seu livre-arbítrio! Afastarmo-nos dos seus caminhos, não mais o aconselhando durante o sono corporal e tão pouco tecendo em torno dos seus passos barreiras que anulassem os múltiplos malefícios com que teimava em barricar a própria evolução moral-espiritual.** (grifo meu)
>
> **Deixarmos de interferir nas reencarnações, abandonando-o à própria responsabilidade, sem nossas inspirações e assistência, a fim de que sentindo, finalmente, a solidão interior envolver**

o seu espírito, ele se humilhasse perante si mesmo e procurasse reencontrar-nos, com boa vontade para a emenda e a conquista do progresso, impulsionado pelos aguilhões da dor. (grifo meu)

Foi o que fizemos nesses quatro séculos, quando suas desordenadas expansões exorbitaram dos direitos de cada um dentro das sociedades terrenas. Sim, desde há quatro séculos, quando, reencarnado à sombra da Cruz do Enviado de Deus, depois de prometer, no Espaço, labores benévolos a favor da doutrina e da igreja a que desejou servir, do poder que ambas exercem sobre os homens, abusou, aviltando-as com os crimes que praticou, tendo-as por desculpa e delas se servindo como arma irresistível na prática de abominações!

Fez uma pausa o erudito mentor, que se diria antigo patriarca oriental, e continuou após, salmodiando vibrações dulcíssimas, só compreensíveis à mentalidade de um desencarnado, como ele:

– A história do meu pobre Leonel é como a de tantas outras ovelhas revéis do aprisco divino, o próprio drama encenado e vivido pela Humanidade em litígio com as próprias paixões. Há períodos na existência de um homem, como de uma sociedade e um povo, em que seus erros tanto transvazam da órbita razoável num planeta de provas e expiações que o ricochete entra a puni-los incessantemente, com todo o cortejo das atrozes consequências criadas pelos próprios atos.

É quando estão entregues a si mesmos, agindo

inteiramente em liberdade, sem nossa intervenção em nenhum ato de suas vidas (grifo meu). Diante de tal punição - o viverem entregues a si mesmos - não resistirão por muito tempo aos convites da emenda. Seus excessos atrairão situações de tal forma anormais, desequilíbrios tão pungentes na marcha irrefreável das existências, que outro recurso não encontrarão, a fim de remediá-los, senão a submissão às equitativas leis da razão e da justiça... o que quer dizer que buscarão, voluntariamente, o caminho do dever, do qual jamais haviam cogitado.

A história messiânica do filho pródigo não poderia ser melhor imaginada, para retratar a marcha da Humanidade, do que o foi por nosso mestre Jesus Nazareno. Eis, pois, o corretivo supremo da lei: - **abandonar os rebeldes e endurecidos a si mesmos, não os assistir sequer com a inspiração, quer no estado terreno quer no espiritual, tal como o pai de família, que deixou partir o filho mais novo, certo de que as duras experiências, consequentes das próprias irreflexões, bem cedo o levariam à emenda dos costumes, à regeneração definitiva.** (grifo meu)

***Dramas da obsessão,* Bezerra de Menezes, psicografia de Yvonne Pereira.**

Portanto, às vezes o indivíduo caminha sozinho sem a inspiração de um guia por não merecer tal companhia. Está, portanto, entregue à própria sorte. Isso é a bondade de Deus, que havendo tentado através do amor a condução daquela alma, e por motivos intrínsecos a ela somente não escuta e até despreza a divina diretriz, permite o afastamento dos guias e mentores para que ela aprenda com os erros que comete.

Costuma-se dizer que a dor ensina, e é uma verdade. A alma revel então, de tropeço em tropeço, de aflição em aflição, saturada de solidão e de dores indescritíveis apela para a paternidade divina da qual se apartara. E nesse momento Deus coloca a seu dispor todo o exagero de misericórdia de que é próspero; toda extensão de amor e de aconchego cedidos dos mananciais inesgotáveis de Si próprio. Entendo diante disso que não há outra definição mais completa do que a síntese que intuitivamente nasce, cresce e vive em nosso coração, que vibra e anuncia em cada batida: Deus é amor.

A FAMÍLIA UNIVERSAL

MUITO SE TEM ESCRITO sobre a família consanguínea, que na realidade, pode ser composta por seres que não simpatizam uns com os outros, pelo simples motivo de ser formada por espíritos com objetivos diferentes, estando ali reunida por motivos cármicos em conformidade com a lei de ação e reação que tanto aproxima como afasta os seres. Chamo a essas pessoas que se aglomeram sob um teto, sem compromisso e permanência duradoura, que hoje é e amanhã dispersa, de circunstantes, ou seja, um aglomerado unido por uma circunstância qualquer, mas que não forma vínculos duradouros. A verdadeira família, estando sob um mesmo teto ou não, é aquela na qual todos possuem afinidades, semelhanças de pensamentos e de ações, objetivos firmados na luz do entendimento e da atuação evangélica.

Pessoas que se amam, próximas ou à distância, que se respeitam, assumem compromisso e os cumprem em função do bem-estar de todos é que podem ser consideradas verdadeiramente uma família. Em caso contrário é apenas um aglomerado. Essa família a qual chamamos de espiritual, onde todos os componentes estão ligados pelos laços suaves, mas inquebrantáveis do amor, é o que garante sua continuidade além da morte. Os circunstantes, atingida a desencarnação se dispersam em busca de seus interesses. É por essa razão que muitos se sentem sozinhos em meio a uma grande família. Que não reconhecem como amigos de verdade aos irmãos, mas a estranhos que lhes acolhem as aspirações e sustentam seus sonhos.

Existem mais "estranhos no ninho" do que se imagina. Convivemos na família, no trabalho, no lazer com dezenas de pessoas, mas não contamos com elas para nossos sonhos mais íntimos. Por quê? Porque nossa alma tem uma espécie de rastreador que não mostra encaixe com algumas e com outras se liga à primeira vista. Com algumas pessoas nosso riso é fácil e fértil, nossas palavras são colhidas com interesse e devolvidas com gratidão. Diz-se, acertadamente, neste caso, que a química ocorreu. Em sentido inverso, a dissonância espiritual deve provocar um efeito fluídico no perispírito que interfere no cérebro e a química não ocorre.

Por isso afirmo que todo amor é de alma. Existem pessoas fisicamente lindas, mas que com quinze minutos de conversa já nos deixam cansados buscando uma oportunidade de apressar a despedida. E outras que mostram uma leveza no falar, uma delicadeza no olhar, uma gentileza nos gestos... que dá vontade de abraçar, cuidar, conviver.

Como vivemos em um mundo de provas e expiações a grande maioria das famílias é formada por uniões provacionais. E aí é exercitar a paciência para não destoar ainda mais o que por si só é desarmonizado. Por isso sentimos solidão em plena efervescência familiar. Porque não permitimos que o outro tome conhecimento ou invada nosso mundo, com medo que ele não o entenda, ou pior, não o respeite. Mas família faz falta. Quando os dirigentes, pai e mãe, são afetuosos, supre muito a solidão com a qual chegamos a este mundo. Aportamos aqui com uma solidão severa, pois deixamos no mundo espiritual os amigos, o trabalho, os amores e chegamos cheios de dúvidas para uma aventura em grande parte desconhecida. Natural nesse contexto um pouco de medo e de solidão. Se todos pudessem entender isso, se ajudassem e se perdoassem naquilo em que são diferentes, haveria mais paz no mundo. O texto de Charles mostra a carência de afeto embasada na falta de uma família e o quanto essa falta pode fazer sofrer uma alma na travessia deste mundo:

> Então, as singelas atitudes da infância emergiam das suas faculdades retroativas e ele se revia pequenino a orar nos altares do Convento, as mãozinhas unidas, os olhos rasos de lágrimas, ressentindo-se da ausência do afago maternal que lhe não fora dado conhecer, atemorizado por se ver, impressionável e delicado, rodeado de monges de olhar severo, que o despediam rudemente se porventura tentasse aproximar-se.
>
> Voltavam assim, novamente, aos seus pensamentos de espírito sofredor, as suavizantes orações que proferia então, e não só as repetia como se apresentava, agora, carinhoso para com a sua

> antiga fé, como fora na infância. - **Sim, Deus Pai! Concedei-me, por misericórdia, o carinho maternal que não conheci, para que me proteja agora, quando mais do que nunca eu me vejo infeliz e desgraçado! Mandai-me amigos, Senhor! Uma família, um lar que nunca tive!... porquanto um lar só poderá ser fundamentado no amor... - e eu nunca me senti amado! Senhor! Dai-me a minha mãe... Dai-me o meu pai! Onde se encontrarão eles?... Dai-me, Senhor, a minha família, reflexo da vossa paternidade na Terra...** (grifo meu)
>
> *Nas voragens do pecado,* **Charles, psicografia de Yvonne Pereira.**

Família: reflexo da paternidade divina na Terra. Que linda definição! Para bem conviver em família é necessário compreender que estamos mergulhados em um processo evolucional no qual a reencarnação exerce um papel de destaque, pois somente ela explica os relacionamentos conflituosos com gênese em existências pretéritas nas quais os envolvidos retornam à convivência em cenário diferente. Portanto, esse novo reencontro nada mais é que uma oportunidade de retificar o que estava torto. Todos juntos e misturados, como dizem os mais jovens, no laboratório espiritual que é o lar, os ligados por afinidade e os reunidos por laços cármicos tentam agora, segundo o grau de parentesco determinado pela necessidade de resgate, reescreverem uma nova página sem as agressões do ontem.

Exercem papel de destaque nesse agrupamento, os pais, notadamente a mãe, de quem são exigidos os valores da paciência, da doação, do amor sem limites, pois mãe é por definição, o amor maior de nossas vidas. Por isso é senso comum afirmar que a escola pode ensinar, mas só o instituto da família pode educar. Conclui-se dessa afirmativa que as universidades podem fazer o cidadão dando-lhe certo verniz de educação, mas somente o lar pode edificar e santificar o homem.

Finalizemos com *O Evangelho segundo o Espiritismo* em sua fundamentação a favor do fortalecimento dos laços familiares:

> Os laços de família não são destruídos pela reencarnação, como pensam certas pessoas. Pelo contrário, são fortalecidos e reapertados. O princípio oposto é que os destrói. Os espíritos formam, no espaço, grupos ou famílias, unidos pela afeição, pela simpatia e a semelhança de inclinações. Esses espíritos, felizes de estarem juntos, procuram-se. A encarnação só os separa momentaneamente, pois que, uma vez retornando à erraticidade, eles se reencontram, como amigos na volta de uma viagem. Muitas vezes eles seguem juntos na encarnação, reunindo-se numa mesma família ou num mesmo círculo, e trabalham juntos para o seu progresso comum. Se uns estão encarnados e outros não, continuarão unidos pelo pensamento. Os que estão livres velam pelos que estão cativos, os mais adianta-

> dos procurando fazer progredir os retardatários. Após cada existência terão dado mais um passo na senda da perfeição.
>
> *O Evangelho segundo o Espiritismo,* **Cap. IV.**

E que Deus nos proporcione a graça de sempre estarmos unidos aos que amamos, seja neste ou noutros planos, pois amigos e irmãos são presentes divinos que devemos levar no peito em forma de saudade quando distantes e de aconchego quando próximos. Amigos, os levamos no pensamento em forma de oração ou nos braços como se fossem filhos amados. O mais que se diga sobre este tema é conversa vã.

A SERIEDADE DAS REUNIÕES MEDIÚNICAS

UMA DAS PRIMEIRAS LIÇÕES que recebi quando adentrei uma sala mediúnica na minha adolescência foi a de que ela se assemelhava a uma UTI. Ali, no dia marcado para a reunião, os técnicos em limpeza fluídica higienizam a sala, dela extraindo todo e qualquer resquício de fluidos incompatíveis com o clima de amor e de fraternidade que deve caracterizá-la. Nada de falatório vulgar, anedotário de qualquer espécie, gargalhadas, gritaria, sendo o comportamento peculiar de quem a adentre para exercitar-se a serenidade e a vocação para o trabalho.

Caso alguém chegue antes do horário previsto, fui advertido, que permaneça lendo uma página consoladora, em oração, em meditação em tema relevante ou, simplesmente ouvindo uma música suave, bem ao estilo da Ave Maria. Por sua vez, o rigor por parte dos desencarnados não é atenuado ou menos exigente. Um dos mentores disse certa feita que quando alguém chega fora dessas condições, contando sobre o crime do dia, por exemplo, tudo se assemelha a um inconsequente que adentra um lar higienizado, cuja sala tem seu assoalho brilhando e comete a indelicadeza de cuspir no chão. O mordomo precisa correr para limpar a golfada. É de André Luiz a excelente observação:

> Os benfeitores espirituais de plantão, na obra assistencial aos irmãos desencarnados sofredores, esperam sempre que os integrantes da equipe alcancem o recinto de serviço em posição respeitosa. Nada de vozerio, tumulto, gritos, gargalhadas.
>
> Lembrem-se os companheiros encarnados de que se aproximam de enfermos reunidos, como num hospital, credores de atenção e carinho. A obra de socorro está prestes a começar. Necessário inclinar o sentimento ao silêncio e à compaixão, à bondade e à elevação de vistas, a fim de que o conjunto possa funcionar em harmonia na construção do bem.
>
> ***Desobsessão*, André Luiz, psicografia de Waldo Vieira e Chico Xavier.**

Atento à seriedade desse mister, André Luiz faz excelente resumo sobre o comportamento dos participantes da reunião, deixando grafada uma mensagem memorável sobre a responsabilidade e o compromisso que o trabalhador mediúnico deve ter com relação ao seu desempenho na casa espírita:

> Na obra da desobsessão, os médiuns psicofônicos são aqueles chamados a emprestar recursos fisiológicos aos sofredores desencarnados para que estes sejam socorridos. Deles se pede atitude de fé

positiva, baseada na certeza de que a Espiritualidade Superior lhes acompanha o trabalho em moldes de zelo e supervisão. Compreendendo que ninguém é chamado por acaso à tarefa de tamanha envergadura moral, verificarão facilmente que, da passividade construtiva que demonstrem, depende o êxito da empreitada de luz e libertação em que foram admitidos.

Atentos à função especial de colaboradores e medianeiros em que se acham situados, é justo se lhes rogue o cuidado para alguns pontos julgados essenciais ao êxito e à segurança da atividade que se lhes atribui: 1 - desenvolvimento da autocrítica; 2 - aceitação dos próprios erros, em trabalho medianímico, para que se lhes apure a capacidade de transmissão; 3 - reconhecimento de que o médium é o responsável pela comunicação que transmite; 4 - abstenção de melindres ante apontamentos dos esclarecedores ou dos companheiros, aproveitando observações e avisos para melhorar-se em serviço; 5 - fixação num só grupo, evitando as inconveniências do compromisso de desobsessão em várias equipes ao mesmo tempo; 6 - domínio completo sobre si próprio, para aceitar ou não a influência dos espíritos desencarnados, inclusive reprimir todas as expressões e palavras obscenas ou injuriosas, que essa ou aquela entidade queira pronunciar por seu intermédio; 7 - interesse real na melhoria das próprias condições de sentimento e cultura; 8 - defesa permanente contra bajulações e elogios, conquanto saiba agradecer o estímulo e

> a amizade de quantos lhes incentivem o coração ao cumprimento do dever; 9 - discernimento natural da qualidade dos espíritos que lhes procurem as faculdades, seja pelas impressões de presença, linguagem, eflúvios magnéticos, seja pela conduta geral; 10 - uso do vestuário que lhes seja mais cômodo para a tarefa, alijando, porém, os objetos que costumem trazer jungidos ao corpo, como sejam relógios, canetas, óculos e joias.
>
> ***Desobsessão*, André Luiz, psicografia de Waldo Vieira e Chico Xavier.**

Advertidos por tão relevantes conselhos voltados para aos encarnados frequentadores da reunião, passemos ao texto de Bezerra de Menezes sobre a seriedade e o respeito devidos ao ambiente, ministrados pela equipe de desencarnados que desenvolve tão meritório trabalho:

> As vibrações disseminadas pelos ambientes de um centro espírita, pelos cuidados dos seus tutelares invisíveis; os fluidos úteis, necessários aos variados quão delicados trabalhos que ali se devem processar, desde a cura de enfermos até a conversão de entidades desencarnadas sofredoras e até mesmo a oratória inspirada pelos instrutores espirituais, são elementos essenciais, mesmo indispensáveis a certa série de exposições movidas pelos obreiros da Imortalidade a serviço da Terceira Revelação.
>
> Essas vibrações, esses fluidos especializados,

muito sutis e sensíveis, hão de conservar-se imaculados, portando, intactas, as virtudes que lhe são naturais e indispensáveis ao desenrolar dos trabalhos, porque, assim não sendo, se mesclarão de impurezas prejudiciais aos mesmos trabalhos, por anularem as suas profundas possibilidades.

Daí porque a espiritualidade esclarecida recomenda, aos adeptos da Grande Doutrina, o máximo respeito nas assembleias espíritas, onde jamais deverão penetrar a frivolidade e a inconsequência, a maledicência e a intriga, o mercantilismo e o mundanismo, o ruído e as atitudes menos graves, visto que estas são manifestações inferiores do caráter e da inconsequência humana, cujo magnetismo, para tais assembleias e, portanto, para a agremiação que tais coisas permite, atrairá bandos de entidades hostis e malfeitoras do invisível, que virão a influir nos trabalhos posteriores, a tal ponto que poderão adulterá-los ou impossibilitá-los, uma vez que tais ambientes se tornarão incompatíveis com a espiritualidade iluminada e benfazeja.

Um centro espírita onde as vibrações dos seus frequentadores, encarnados ou desencarnados, irradiem de mentes respeitosas, de corações fervorosos, de aspirações elevadas; onde a palavra emitida jamais se desloque para futilidades e depreciações; onde, em vez do gargalhar divertido, se pratique a prece; em vez do estrépito de aclamações e louvores indébitos se emitam forças telepáticas à procura de inspirações felizes; e ainda onde, em vez de ceri-

> mônias ou passatempos mundanos, cogite o adepto da comunhão mental com os seus mortos amados ou os seus guias espirituais, um centro assim, fiel observador dos dispositivos recomendados de início pelos organizadores da filosofia espírita, será detentor da confiança da espiritualidade esclarecida, a qual o elevará à dependência de organizações modelares do espaço, realizando-se então, em seus recintos, sublimes empreendimentos, que honrarão os seus dirigentes dos dois planos da vida.
>
> Somente esses, portanto, serão registados no além-túmulo como casas beneficentes, ou templos do amor e da fraternidade, abalizados para as melindrosas experiências espíritas, porque os demais, ou seja, aqueles que se desviam para normas ou práticas extravagantes ou inapropriadas, serão, no espaço, considerados meros clubes onde se aglomeram aprendizes do espiritismo em horas de lazer.
>
> ***Dramas da obsessão*, Bezerra de Menezes, psicografia de Yvonne Pereira.**

Compreende-se que esse trabalho conjunto, essa parceria com fidelidade inviolável deve imperar em todos os centros espíritas, que além de norteados em suas ações por Jesus e Kardec, devem ainda promover constantes cursos de capacitação e aperfeiçoamento doutrinário, bem como se postar vigilante e operoso na prática da educação moral como recomenda a doutrina que muito incentiva a reforma moral dos seus adeptos.

Herdeiros de um roteiro luminoso, guia de caminhos suaves para a redenção espiritual, o espiritismo é a luz do mundo. E quem anda na luz não cogita pactuar nem ceder espaço para as trevas. Pense profundamente nisso antes de assumir um compromisso junto aos amigos espirituais.

PREPARANDO-SE PARA O AMOR

PASSAMOS TODA A EXISTÊNCIA em busca do amor ou tentando nos preparar para a sua chegada. O amor é algo tão incompreensivelmente belo que, por não sermos íntimos dele, sentimos enorme dificuldade em descrevê-lo. Mas se apreendemos um trilhonésimo da sua doçura em nosso coração, ficamos extasiados, levitamos sem sair do chão, nos encantamos com a radical mudança de cores e aromas que passam a nos rodear e nossa visão alcança longe, lá onde o infinito faz a curva.

O mais perto que chegamos dele é quando realmente estamos enamorados. Imediatamente elevamos o ser amado à perfeição, desculpando, caso se mostre algum "defeitozinho", sempre sem importância. Os dias correm céleres, as flores não passam desapercebidas de nossa visão, pois tudo perfuma e a violência, mesmo ali na nossa pele, parece ter mudado para outro planeta. A beleza, essa ignorada habitante em nossos caminhos, diretriz de todo planejamento elaborado por Jesus, pois a utilizou em cada detalhe de sua obra, passa a ser um estilo de vida. Conseguimos até perdoar quem nos pisa na unha encravada e se tivermos um excesso de moedas no bolso somos capazes de doar uma ao mendigo que passa, sem escolher pelo tato a menor.

O que quero dizer é que o amor é mágico, seja em que face se apresente: a de mãe, de filho, de esposo, de irmão, de namorado e até de um bichinho de estimação. Ele, além de estontear, provoca transformações viscerais nas pessoas. Todos notamos quando o Natal se aproxima, como a Terra se enche de um magnetismo aconchegante e visível até mesmo entre os descrentes. Imagine um planeta onde o amor seja um hábito nas atitudes das pessoas; onde todos estejam preocupados com a alegria e a felicidade do outro. Imagine o amor dos missionários, de Jesus, de Deus.

Quando pensamos esse amor a partir de certa "altura", de Jesus para cima, digamos assim, a dificuldade de entendê-lo se amplia exponencialmente. Como alcançar um comportamento de quem oferece a outra face depois de agredido? Por isso chamavam Jesus de louco. É que nosso estágio de evolução é ainda bem pequeno em relação ao desses luminares que nos dirigem. Estamos ainda naquela fase de vermos o bem, aplaudirmos o bem, mas de não fazer o bem. Entendemos o Evangelho, o consideramos belo e sábio, mas esperamos que outros o apliquem no relacionamento conosco enquanto permanecemos ausentes do processo de crescimento interior.

Gosto de falar e de escrever sobre essas coisas, pois falo de mim, que não entendo o amor dos meus próprios guias. Às vezes penso, diante de um procedimento inadequado por mim cometido: lá vem bronca! E me abraçam como se eu fosse aquele filho que jamais os decepcionou. Isso me deixa em mais desassossego do que se tivesse passado por uma reprovação formal. O efeito é mais profundo, pois sempre prometo nessas horas jamais repetir aquele fiasco e, passados alguns dias, ele retorna.

Com Tibiriçá, nem comento... São quase cinquenta anos de tentativas de acerto, felizmente, sem nenhuma desistência. Penso que ele considera realmente meus erros como tentativas de acerto. Talvez por isso nunca tenha desistido de mim. Mas falemos do amor de Yvonne:

> O reencontro com Roberto de Canallejas, ou Z.P. não se deu imediatamente, foi um pouco diferente, por vontade de Yvonne. Assim que retornou à consciência, ainda no posto de socorro espiritual, a idosa senhora de oitenta e três anos, cansada e pálida pelo esforço do desligamento de seus despojos, só tinha um pedido, uma vaidade a qual não conseguiu combater. Deixarei que ela mesma revele.
>
> \- Onde está Roberto, digo Z.P.? - ela disse procurando entre os presentes com sua vista ainda embaçada pela velhice e pelo esforço que fazia com as impressões ainda do corpo físico.
>
> \- Estou aqui. Como não poderia estar? - ele respondeu com o coração aos pulos, pela surpresa de se ver requisitado, já que ela estava, agora, em sua plena lembrança das encarnações pregressas.
>
> Ela cobriu o rosto com os lençóis, por pura vaidade feminina, enquanto falava de maneira abafada e rouca pela emoção.

> – Por favor, não quero que você me veja assim, espere até que me recomponha. Daqui a alguns dias nos encontraremos e terei a felicidade de conceder a entrevista que lhe devo há tanto tempo, meu amado.
>
> Yvonne pediu alguns dias para recompor sua aparência, pois queria ficar melhor para se entender com aquele que era a razão de sua superação. Ele assim respeitou, porque se encontrava exultante só com a possibilidade de ser recebido por ela, desta vez.
>
> ***Leila, a filha de Charles,* Arnold de Numiers, psicografia de Denise Corrêa de Macedo.**

Era um amor de alguns séculos o que estava em jogo ali. Um amor de almas, posto que sobrevivera aos mais rudes golpes do destino. Um amor que buscava o outro, mesmo sem saber que nome ele teria, em qual país residia, respeitando com quem ele estava. Um amor construído pelo sofrimento e fortalecido pela fidelidade. Buscavam-se durante o sono, namoravam, e no momento certo, em nome desse amor ambos souberam renunciar em função do trabalho. Ela devido à sua missão mediúnica; ele porque entendeu a necessidade de esperar. Respeito demais espíritos assim, definidos, que sabem exatamente o que querem e lutam para conseguir seus objetivos. Respeito muito os amantes que colocam seus amores acima de qualquer sonho e sabem esperar, nunca desvinculando seus amores da ética, dos compromissos espirituais assumidos, pois querem presentear a quem amam com a honestidade que vivenciam. Querem se entregar limpos, inteiros, de todo coração.

Todos sonham com um amor assim e não sabem expressar esse desejo. Nessa busca confundem amor com paixão, com desejo, com aparências que se esvoaçam à primeira neblina. Um grande amor é fruto de muito trabalho, muita afinidade, muita renúncia, de batalhas homéricas, sem apego às mesquinharias postas no caminho em forma de armadilhas.

Como admirador de Yvonne fiquei muito feliz com seu enlace definitivo com seu amado Z. P. Espero que tudo seja como nos finais de contos de fadas nos quais há sempre um "e foram felizes para sempre". Como seu amor foi testado e aprovado, ficando em efervescência na fornalha dos séculos sem o menor abatimento; e como seu coração forte, generoso e paciente soube se comportar dignamente em função e sob a inspiração desse amor, que tenham, ela e seu amado, as bênçãos de Deus e possam viver sob Sua glória.

Ideoplastia

A mente é portadora de uma capacidade criativa inimaginável e se um simples espírito tem o poder de criar casas, bairros, e agrupando-se a outros, cidades e colônias, podemos admitir que Deus, inteligência suprema e causa primária de todas as coisas, criou o universo com todo o seu recheio. Mas não foi egoísta em sua criação. Permitiu ao homem, ser cocriador, criando em cima de sua criação em plano menor, tornando-se este seu auxiliar na administração universal.

Damos o nome a este capítulo que se refere às criações mentais, de ideoplastia, ou seja, a ação exercida pelo pensamento sobre a matéria. Essa palavra tem origem grega e trata do estudo das formas através do pensamento. Na literatura espírita, podemos encontrar sinônimos tais como: criações fluídicas, formas-pensamentos, imagens fluídicas, ou, ainda, construções mentais. Sendo os fluidos espirituais a atmosfera dos seres espirituais, os espíritos tiram desse elemento os materiais sobre os quais operam; é nesse meio que ocorrem os fenômenos perceptíveis à sua visão e à sua audição. No plano espiritual, mesmo sem percebermos, plasmamos nossa roupa, objetos, utensílios, por um processo de automatismo aplicado sobre o meio fluídico ao nosso redor, mesmo sem saber como o fazemos.

> Basta que o espírito pense numa coisa para que esta se reproduza. Tenha um homem, por exemplo, a ideia de matar a outro, embora o corpo material se lhe conserve impassível, seu corpo fluídico é posto em ação pelo pensamento e reproduz todos os matizes deste último; executa fluidicamente o gesto. A imagem da vítima é criada e a cena toda é pintada, como num quadro, tal qual se lhe desenrola na mente.
>
> *A Gênese*, **Allan Kardec.**

Isto permite entender por que todo e qualquer pensamento pode tornar-se conhecido. Por refletir-se no corpo fluídico, pode o pensamento ser percebido por outros espíritos, encarnados ou desencarnados, que estejam vibrando na mesma sintonia. Mas, é importante considerar que o que realmente é visto pelo observador é a intenção. Sua execução vai depender da persistência de propósitos e de circunstâncias que a favoreçam.

Vejamos em *O Livro dos Espíritos*, um pouco dessa teoria:

> 977. Os espíritos, não podendo se esconder reciprocamente seus pensamentos, e todos os atos da vida sendo conhecidos, seguir-se-ia que o culpado está na presença perpétua da sua vítima?
>
> – Isso não pode ser de outro modo, o bom-senso o diz.

977. a) Essa divulgação de todos os nossos atos repreensíveis e a presença perpétua daqueles que foram as vítimas não são um castigo para o culpado?

– Mais do que pensa, mas somente até que ele tenha expiado suas faltas, seja como espírito, seja como homem nas novas existências corporais. Toda criação se inicia através do pensamento que pode ser bom ou mau, porque todo pensamento carrega energia e possui formas. Alimentadas pela energia, tais formas geram o que chamamos de formas-pensamentos.

Analisemos um pouco a resposta dada a Kardec, considerado o bom-senso encarnado:

Seguir-se-ia que o culpado está na presença perpétua da sua vítima?

– Isso não pode ser de outro modo, o bom-senso o diz.

Ora, a vítima já foi prejudicada pelo agressor. Certamente ela não terá nenhum prazer e poderá até ter desprezo por ele. E ainda ter que ficar suportando a presença dele em sua vida? O bom-senso nos aponta para outra interpretação. Essa seria injusta demais para com o prejudicado.

Não seria mais coerente o seguinte pensamento, aliás, em pleno acordo com o que foi dito pelo espírito que respondeu à pergunta, mas sem detalhar o contexto? O culpado, por força do remorso e do desejo ou necessidade de reparação do fato, cria uma ideia fixa patrocinada por sua consciência a exigir reajuste. Essa ideia fixa se expressa pela repetição do pensamento, que fotografa em seu perispírito e até no espaço ao seu redor a imagem do crime praticado, sendo ele, o agressor, viva testemunha, até que se acerte com a Lei. Nesse caso ele estará na eterna presença de sua vítima até que ponha fim ao seu débito para com a Lei.

Busquemos o professor Emmanuel, sempre pronto a explicar qualquer angulação da vida espiritual:

A ideoplasticidade do pensamento

Ignorais, na Terra, a maravilhosa ideoplasticidade do pensamento. Conhecendo a plenitude de suas faculdades, após haver triunfado em muitas experiências que lhes asseguraram elevada posição espiritual, senhores de portentosos dons psíquicos, conquistados com a fé e com a virtude incorruptíveis, os espíritos superiores possuem uma vontade potente e criadora de todas as formas da beleza. Às vezes, apresentam-se ao vidente grandiosas cenas da história do planeta, multidões luminosas, legiões de espíritos, quadros esses que, na maioria das vezes, constituem os pensamentos materializados das mentes evoluídas que os arquitetam, e que atuam sobre os centros visuais dos sensitivos, objetivando o progresso geral.

É assim que se estabelece a união dos dois mundos, o físico e o espiritual, através de fatores inacessíveis às vossas medidas e instrumentos materiais. O tempo reserva muitas surpresas ao humano, dentro da proporção da sua evolução moral, concretizando o edifício imortal de todas as ideias altruísticas, nobres e generosas, sendo totalmente inútil que alguns deles se arvorem em supremas autoridades nos variados ramos da vida, porque, dentro da sua pretensiosa indigência, se perderão fatalmente no labirinto discursivo dos seus argumentos mateotécnicos.

Como eu entendo Emmanuel, **Emmanuel, psicografia de Chico Xavier.**

Havendo passeado por essa avenida ampla e bela que é a ciência espírita, desloquemo-nos para o texto de Charles, sobre as criações mentais:

> No além-túmulo, já bastante conhecida se tornou esta exposição: – a mente espiritual cria com facilidade, por um ato da própria vontade, que tanto pode ser raciocinado e, portanto, provocado, meticuloso, perfeito, como espontâneo e involuntário, os próprios cenários ou ambientes em que preferirá viver. Será sinistro e trevoso esse cenário, belo e artístico, suntuoso ou modesto, consoante forem as possibilidades e méritos de cada um para executá-lo, o poder da sua vontade e do seu progresso, seu desenvolvimento moral-intelectual, sua simplicidade e seu desprendimento ou suas necessidades.

Frequentemente, as entidades portadoras de maior adiantamento ou méritos edificam para si o ambiente que melhor lhes fala ao coração e às necessidades; e, sob o cinzel caprichoso da própria vontade, servindo-se de essências e fluidos cósmicos que o poder da Criação disseminou pelo Universo, como origem fecunda e infinita de tudo quanto existe e existirá, criam para si mesmas, como para outrem por quem se interessem, sozinhos ou reunidos em grupos afins, as paisagens e os cenários que desejarem.

Assim foi, portanto, que a família de La-Chapelie, no intuito de se reunir de quando em quando para docemente recordar o passado terreno que tão grato lhe fora, resolvera edificar, valendo-se do poder mental vigoroso que possuía, nas imediações atmosféricas do local onde outrora se erguia a sua residência terrena, uma reconstituição fluídica da mesma.

Nesse auspicioso asilo espiritual continuara Carlos Filipe a evangelização de almas frágeis e simplórias, recém-desencarnadas, sedentas de luz e reconforto, desconhecedoras ainda dos verdadeiros ensinamentos cristãos, e até mesmo de criaturas ainda presas à existência corporal, cujos espíritos para lá eram atraídos durante o sono do envoltório carnal, assim recebendo elucidação evangélica, enquanto dormiam.

Nas voragens do pecado, **Charles, psicografia de Yvonne Pereira.**

Que bom saber que podemos criar nossos abrigos e pertences, a nosso gosto, no plano espiritual, sem a necessidade de intermediação de pedreiros, serventes, marceneiros e um sem-número de atravessadores que se deleitam em esvaziar nossos bolsos sempre carentes aqui na Terra. Mas para isso é necessário conhecimento e mérito. Não os tem? O centro espírita é excelente oportunidade de aprimoramento dos dois temas acima citados. O conhecimento virá do estudo das obras espíritas, dos cursos de aprimoramento, das pesquisas incansáveis. O mérito, pelo trabalho no limite das forças. Que Deus nos dê força e ânimo para não desistir jamais de ambos.

Um entre bilhões

Iniciamos este capítulo com a inquietante descoberta de que dois espíritos que se amam, vivendo cada um em um país diferente e desconhecido, um sem saber do paradeiro do outro, dispersos os dois entre bilhões de outros seres, e estando um deles casado, conseguem a proeza de se comunicarem por cartas e expressarem o amor que sentem um pelo outro há séculos.

Que radar maravilhoso, que magnetismo rastreador, que matemática desconhecida é esta que permite tal ocorrência? A resposta é simples: as competências do espírito. As suas saídas e buscas durante o sono físico, o poder atrativo do pensamento, a vibração do amor que se expande até o infinito pousando no alvo certo, o ser amado. O amor é o GPS (sistema de posicionamento global) do espírito. Aqueles que se amam fatalmente se encontram por força da vibração que emitem um em direção ao outro.

Nesse capítulo falamos de Yvonne e de Z.P. ambos encarnados em países distantes, sem terem sido notificados sequer em qual país o outro encarnara, ou se encarnara. No caso de Z.P. as dificuldades eram maiores, pois vivendo em um país isolado pela cortina de ferro, sendo materialista, desconhecendo a teoria espírita, como encontrar o traço de afinidade que o ligaria a seu amor, perdido entre bilhões de seres?

Mas durante o sono físico de Z.P. ele não era materialista nem estava preso às injunções políticas impostas pelas nações. Era um espírito livre, amante de outro, igualmente livre, que também o buscava para trocar afetos. O traço concreto que os aproximaria na vida material surgiu pelo amor ao idioma esperantista.

Mas alguns poderão pensar. E a esposa de Z. P.? Como ficou sua situação já que ele optou por Yvonne logo que aportou no plano espiritual? Falamos alhures nos circunstantes, aqueles espíritos que se unem momentaneamente em função de alguma tarefa ou de alguma expiação, mas que não se desgrudam dos seus verdadeiros amores. Ela deveria, igualmente, ter seu amor em algum lugar, pois ambos eram circunstantes um para o outro. O que importa é que Yvonne, enquanto encarnada respeitou a condição de casado do seu amado e não foi ao seu encontro, o que caracterizaria uma infidelidade para ambos.

Posso imaginar o drama dessa mulher, tão perto do seu amor, mas tão distante de seus abraços. Essa fibra, essa fortaleza moral só a tornou mais amada, por se entregar posteriormente sem culpas ou remorsos. Preservou sua consciência impoluta e entregou seu amor sem máculas. Esses são os valores que devemos buscar no ser amado. A coragem de tudo enfrentar para se doar por inteiro; a decência de não se perder barateando sua dignidade. Peregrinemos o olhar pelo texto de Arnold de Numiers, que em sua simplicidade esclarece:

Não foi surpresa para mim quando soube então que meu filho se correspondia com Yvonne em esperanto desde 1964 porque dois espíritos que se amam e se complementam, perdoando-se como se perdoaram, sempre achariam meios de se falarem, mesmo que em emancipação pelo sono.

As cartas que trocavam, depois de curto período de amizade, passaram a conter o amor subentendido, logo após, demonstravam amor declarado. Yvonne não tinha revelado a idade e Roberto, agora respondendo pelo nome polonês Zbigniew – abreviado para Z.P. – era um jovem casado em sua terra, a Polônia. Esses agravantes, enquanto estivessem separados pela distância geográfica, não representariam comprometimento além do que já era conhecido, que os dois se amavam e queriam estar juntos, apesar de tudo.

Acontece que em 1976, Zbigniew numa viagem a trabalho, rompeu a cortina de ferro que separava os países como a Rússia e a Polônia do resto do mundo e veio ao Brasil, querendo encontrá-la. A recusa de Yvonne de ir vê-lo é a maior prova de superação que ela poderia ter dado. Prova de humildade, de obediência à espiritualidade amiga e prova de amor sublimado, quando desistiu do ato egoísta e do amor humano, por ela superado e vencido com muita disciplina interna. Zbigniew era materialista e ateu, nada entendia dos compromissos aos quais Yvonne estava ligada, nada poderia suspeitar porque não tinha mediunidade.

> Era jovem, estava apaixonado e queria vê-la. A decisão de pôr ou não a disciplina interior a perder cabia a ela, Yvonne, mas a espiritualidade não a desamparou nesta hora. Apareceram-lhe Charles, doutor Bezerra de Menezes, além de Bittencourt Sampaio. Os três afirmaram-lhe que ele era Roberto e se ela fosse ao encontro sucumbiria. A dor moral que experimentou foi indefinível, mas a disciplina e obediência venceram, finalmente.
>
> ***Leila, a filha de Charles,* Arnold de Numiers, psicografia de Denise Corrêa de Macedo**

Compreensível e natural a atitude de não querer encontrá-lo logo imediatamente à sua chegada ao plano espiritual com a aparência de Yvonne, idosa, cansada e frágil. Recuperando sua jovialidade e beleza, pois sempre fora uma mulher bela e encantadora, queria assim apresentar-se e isso ainda é uma prova de amor, pois agradar, encantar, seduzir, enternecer são atitudes bem próprias de quem ama. Formar um cenário compatível com seus sonhos, colocar a doçura na voz, a delicadeza nos gestos, o brilho denunciador de felicidade nos olhos... isso são etapas que não podem ser dispensadas no delicioso jogo do amor.

Pensar no que dizer, buscar atitudes que agradem, até mesmo aquele toque no cabelo, o jeito de segurar as mãos, Yvonne queria um tempo para montar esse cenário esperado por séculos. Mais de oitenta anos na carne lhe enrugara a pele. Como se apresentar assim ao seu amor? Não! Para um encontro dessa natureza é preciso estar linda, de corpo e de alma; apertar o amante contra o peito com força, olhar nos olhos sem nuvens, beijar sem medo de ser feliz.

Que o amor nos conduza, pois somente ele conhece os caminhos mais doces; que nos ensine, pois suas lições são luminosas; que nos arrebate e nos dê asas de libertação para que livres, possamos bailar nos salões da paz. Se pudesse pedir algo às fadas, cupidos e duendes seria: que espalhem o amor por toda a Terra.

A CONTRIBUIÇÃO DOS ÍNDIOS

QUANDO FALO SOBRE ÍNDIOS sempre me incluo, pois este é um universo familiar e muito íntimo ao meu coração. Esta terra chamada Brasil, nós, que nos consideramos brancos, tomamos deles. Sufocamos sua cultura, os tratamos como selvagens e não como silvícolas, aqueles que habitam as selvas. Chamando-os de selvagens seria mais fácil justificar as agressões, a dilapidação do patrimônio, a subjugação pela força, o extermínio, enfim.

Pela ótica da reencarnação, muitos que se dizem brancos hoje, que na verdade brancos quase não existem mais, são todos miscigenados, já foram índios no passado, e é isso que os tornam melhores, mais ecológicos, mais amantes da terra e mais defensores do ambiente. Devastar a selva amazônica não é uma filosofia indígena, mas de amarelos que desprezam as riquezas naturais que não lhes pertencem, de gente que não se importa com a descendência, os filhos, netos ou com seu próprio destino quando a reencarnação a empurrar de volta ao mesmo cenário do crime.

O papel dos índios na minha vida está ligado às reuniões de desobsessão, nas quais sempre contei com o apoio de Tibiriçá e sua tribo. Seus cuidados estão ligados à defesa, à limpeza e à segurança do ambiente, ao manejo de ervas e fluidos. São espíritos valorosos, homens como os demais, mas que gostam de conservar a aparência que os revestiram. A presença de Tibiriçá na reunião impõe respeito e nunca vi um atrevido qualquer enfrentar ou desafiar meu irmão de sangue, é assim que nos tratamos, para uma luta.

Suas cores, lança, arco e flechas, redes de laçar ou envolver fazem parte de sua indumentária de guerra, pois de estratégia de guerra, ele entende, apesar de ser um espírito pacífico e amante da paz. Bezerra de Menezes, também tinha um guerreiro valoroso ao seu comando. Analisemos como se reporta a ele:

> Necessárias se tornariam, por vezes, medidas outras, incompatíveis com a doçura do seu caráter. **Então dispúnhamos de individualidades da categoria de Peri, a qual, bondosa e incapaz de arbitrariedades, exercia a energia militar sempre que necessário como antigo chefe de hordas guerreiras da Arábia, que fora em existência remota e, mais tarde, como cacique da tribo dos Tamoios.** (grifo meu)
>
> Acresce a circunstância de que as entidades obsessoras tão materializadas permanecem dentro da própria inferioridade de princípios, tão vinculadas ao mal se deixam ficar que, a fim de servi-las, auxiliando-as a se deterem no declive em que resvalam, nos obrigaremos a desempenhos assistenciais igualmente materializados, assaz grosseiros para um espírito.

> Tratar com tais vultos será como tratar com homens rudes, inferiores de caráter, embaraçados no apoucamento das paixões e dos preconceitos. Peri era especializado em tarefas tais e possuía métodos particulares, os quais aplicava com eficiência, sempre que necessário. Trazia às suas ordens pequeno pelotão de auxiliares, que, obedecendo-lhe fielmente, tais os milicianos ao seu general, junto dele desempenhavam concurso valioso de proteção ao próximo, enquanto, assim agindo em defesa dos mais fracos, reparavam deslizes graves de um passado reencarnatório remoto, como explicamos para trás. Dadas que foram ao meu assistente recomendações convenientes, retirei-me para a Espiritualidade, a fim de melhor me orientar sobre as atitudes a tentar em benefício das personagens desse drama que se me afigurava profundo.

Em nota de rodapé Bezerra explica a origem de Peri:

> O nome Peri encobre individualidade espiritual indígena, que não desejamos identificar, já reencarnada. Sua existência nas matas brasileiras traduz estágio de repouso e esconderijo necessário para se furtar às continuadas perseguições obsessoras que, como antigo chefe de tribos árabes guerreiras, adquirira com as atrocidades praticadas. Não seria, portanto espírito primitivo, como

também acontecia com muitos outros índios brasileiros e escravos africanos no Brasil.

***Dramas da obsessão*, Bezerra de Menezes, psicografia de Yvonne Pereira.**

Bezerra explica que há ocasiões em que a doçura do caráter não surte efeito, e nessas horas a energia deve entrar em cena para estabelecer a ordem. A ordem exige, nesses casos, aplicação de força disciplinada na medida exigida pelas circunstâncias. O bem não pode ser pisoteado pelo mal, por isso deve impor sua força para que o progresso e a paz se estabeleçam vitoriosos. E é isso que fazia Peri e que faz Tibiriçá. Impor limites aos obstáculos para que o trabalho possa fluir sob o domínio dos que podem e sabem propor e concretizar soluções.

O fato de os índios se apresentarem como guerreiros não significa que a espiritualidade deixa a seu encargo esse tipo de tarefa, considerada secundária ou inferior. Um preto velho ou um índio pode ser o mentor de um grupo desde que tenha conhecimentos e envergadura moral para tanto. Por que somente um branco teria essa qualificação? Aliás, quando um homem de qualquer origem desencarna passa a ser espírito, cidadão universal, podendo se apresentar, desde que tenha capacidade para tal, sob qualquer aparência. Não existem raças diferentes na Terra como pensam alguns. Só existe a raça humana.

Deixemos de preconceitos ou de abordagem inadequada ao falarmos de nossos irmãos indígenas. Não julguemos que por alguém estar momentaneamente sob a vestimenta de um índio ou de um negro, seja inferior a um outro que tem a veste branca. Colocados um negro e um branco lado a lado, sem aferição de valores espirituais, a única coisa que podemos afirmar com segurança é que o negro tem mais melanina do que o branco.

A diversidade é algo que enriquece. Quando chego à reunião e ouço os videntes afirmarem que naquele meio estão trabalhando em plena harmonia, mentores, índios, pretos-velhos, todos ligados pelo ideal de servir, sinto que a noite vai ser maravilhosa. E invariavelmente é.

Classificando obsessores

Nem sempre temos uma impressão correta, quando nos referimos ou pensamos em obsessores. Muitos deles, reafirmamos, não são pessoas más, apenas magoados com outra ou outras que lhe pisotearam os valores, os levaram à falência, foram infiéis para com eles, enfim, caíram no desagrado por força de uma atuação predatória ou demolidora. É sempre bom iniciar uma doutrinação sabendo que na maioria das vezes, o obsidiado de hoje foi o obsessor de ontem. Mas confiemos a Bezerra essa tarefa de nos explicar melhor como se apresentam os obsessores:

> Não obstante, nem sempre os obsessores serão entidades absolutamente más. Muitas serão, ao invés, grandes sofredoras, almas tristes e doloridas, feridas, no pretérito de existências tumultuosas, pela ingratidão e a maldade desses que agora são as suas vítimas, capazes de grandes atitudes afetivas para outrem que não o seu inimigo a quem obsidiam, e não raro também foram homens intelectualmente esclarecidos na sociedade terrena, mas a quem escasseou a sublime moral da fraternidade evangélica. Não deixaremos de lembrar ain-

da aqueles que são "mandados" por outrem a obsidiar alguém, por antipatias, despeito ou mesmo ódio, ordem que também poderá ser expedida por um desafeto encarnado, durante o sono corporal.

Tais perseguidores agem em torno das suas presas obedecendo, portanto, a ordens de terceiros, sem que a menor animosidade os impelisse ao ato, senão a obediência a uma entidade terrena ou invisível, a quem renderão homenagens e por quem nutrirão consideração. Serão, então, como uma variante daqueles assalariados terrenos, que, por uma paga, cometeriam qualquer espécie de vileza contra um estranho, de quem nenhuma queixa teriam. A invigilância, o desajuste mental do obsidiado, na sua vida cotidiana, darão ensejos a tal possibilidade, apresentando-se esse caso, então, como consequência lógica da sua incúria no cumprimento dos deveres e não como inevitáveis resgates ou expiações de vidas pretéritas.

Não esqueçamos daquelas que têm origem no pensamento de atração da própria vítima, cuja atitude mental reteve junto de si o espírito de um inimigo ou um rival, de um desafeto ou de um ser querido, os quais, jungidos às suas ondas de atração, de tal sorte se adaptam a elas que terminam por infelicitá-las com sua presença permanente, pois que tais entidades não estarão, absolutamente, em condições de beneficiar alguém com as próprias irradiações.

Geralmente curáveis através da prece, da meditação sadia e de uma doutrinação elevada e amorosa, tais obsessões, que melhor qualificaremos de "atuação" ou "assédio", uma vez combatidas trazem a particularidade de beneficiar melhor o obsessor do que o próprio obsidiado. Este atrairá, fatalmente, novas atuações das sombras, dado que se não dedique decididamente à prática do bem para a renovação dos próprios valores morais, enquanto aquele, pertencendo a classe humílima do Invisível, grandemente sofredor quase sempre, e ignorante de princípios redentores, ferido por injustiças e menosprezo da sociedade terrena em que viveu, será encaminhado a um reajustamento conveniente (comumente esse reajustamento será efetivado através da reencarnação), desde que demonstre desejo sincero de emenda, sendo ele mais infeliz e ignorante, conforme acima asseveramos, do que mesmo mau.

A todos esses desarmonizados das leis da fraternidade deverão os servos do Senhor - encarnados e desencarnados - esclarecer ou proteger com dedicações incansáveis, paciência infatigável, desprendimento e desinteresse, visando não somente a méritos para si próprios, mas, acima de tudo, ao cumprimento de sagrados deveres diante do Todo-Poderoso, que estabeleceu a justiça do auxílio do mais forte ao mais fraco, do esclarecido ao ignorante, segundo rezam os dispositivos da lei de amor ao próximo como a si mesmo.

***Dramas da obsessão*, Bezerra de Menezes, psicografia de Yvonne Pereira.**

Já vi, algumas vezes, o obsessor ficar tão agradecido ao doutrinador e aos mentores que o auxiliaram que retorna para agradecer o auxílio recebido. Alguns guerreiros sob o comando de Tibiriçá foram efetivados por chances oferecidas por ele a obsessores atendidos no centro espírita, após transformados em suas tendências viciadas. O obsessor pode ser qualquer um de nós, quando severamente magoado. Às vezes penso: que faria eu no lugar dele? Portanto, nada de ideias que superestimem nossa capacidade de perdoar porque na hora do sufoco descobrimos que ela é bem pequena. Por que somos doutrinadores? Na grande maioria das vezes porque parecemos com os obsessores, porque não estamos distanciados deles, não somos superiores a eles. É uma conversa quase de igual para igual. Mas Bezerra nos oferece pequeno padrão classificatório para alguns. Vejamos:

> – E como se apresentam estes? Odientos, vingativos? Sofredores, que destilam o vírus mental e vibratório contundente, sem saberem o que fazem? Afeiçoados às vítimas por simples afinidades de caráter, ou índole?... **pois sabemos que até mesmo um sentimento de amor – ou paixão – mal orientado ocasionará desastres como esses...** (grifo meu)
>
> – Não, senhor! – explicou vivamente o dedicado assistente. – Trata-se de algo ainda mais doloroso! São ódios, vinganças pessoais de um passado que se me afigura intensamente dramático! Os ob-

sessores pertencem às falanges do antigo judaísmo! Ainda conservam nas irradiações mentais, refletindo sobre a sensibilidade do perispírito, as sombras, as imagens, mui concretizadas, da indumentária usada pelos judeus de Portugal, pelo século XVI... Eu também vivi nessa época, meu caro irmão, na Espanha como em Portugal... pertenci igualmente ao judaísmo... e fácil me foi compreender o amargor da situação que acabo de presenciar... Compreendi, efetivamente, ser gravíssima a situação de encarnados e desencarnados enleados em tão incomodativas teias, situação que bradaria por intervenção enérgica e imediata.

***Dramas da obsessão*, Bezerra de Menezes, psicografia de Yvonne Pereira.**

Doutor Bezerra os classificou como odientos, vingativos, sofredores, afeiçoados às vítimas através de laços, a princípio amorosos, mas mesclados ao ódio no presente. Acredito que a classificação seja bem mais extensa, mas esse fragmento já nos envia a uma farta reflexão. Ódio e vingança são parceiros na mesma cobrança. Sofredores são todos os envolvidos no drama. Mas o que choca é um sentimento a princípio tão delicado, o amor, deixar-se mesclar pelo ódio autofágico, pois este sentimento acaba por consumir aquele que o cultiva.

O que acontece no coração de quem parte do amor e deságua no ódio? Quais os motivos que implodem a poesia abrigada em um coração que sai da maré mansa e entra em cataclismo destruidor? A ingratidão? A traição? A humilhação? Por conta desses dramas não devemos descrer do amor. Não foi ele. Foi a pessoa que dele tentou se apropriar sem seguir suas normas. Foi alguém que fez falsa interpretação, que julgou saber seu significado e o confundiu com outro sentimento qualquer. O amor é sempre manso, acolhedor e nada mais sabe fazer ou como agir além de amar. Por isso caminhe com calma, interprete com jeito e ame de verdade. Só quem ama de verdade é capaz de transformar o que seria uma obsessão em perdão.

Obsessões de que trata o Evangelho

A obsessão é tão velha quanto o mundo. Conta-nos a Bíblia que Nabucodonosor II, soberano da Babilônia, antes de desencarnar passou alguns anos rastejando e pastando como animal.

Existem relatos históricos que revelam o drama de Nero, que via sua mãe Agripina e sua esposa Otávia, ambas assassinadas por sua ordem, a persegui-lo severamente.

Jesus, doutrinador por excelência, expulsou muitos demônios (espíritos obsessores) que atormentavam a população por ele visitada. Muitos o buscavam com essa finalidade, expulsar os espíritos obsessores, pois era do conhecimento vulgar que os espíritos inferiores importunavam as pessoas. "Espírito imundo! Sai dele!", dizia o Mestre. E o espírito perseguidor, subjugado pela autoridade moral daquele ser de luz, se evadia.

Busquemos nos evangelhos subsídios históricos:

Marcos 5:7-9,

> ... relata que um homem Gadareno vivia assediado por espíritos obsessores. Quando Jesus

> se aproximou dele, passou a clamar com grande voz: "que tenho eu contigo, Jesus, filho de Deus Altíssimo? conjuro-te por Deus que não me atormentes". O Mestre, após ordenar que o espírito imundo saísse do homem, perguntou-lhe: "Qual é o teu nome?" E ele respondeu, dizendo: "Legião é o meu nome; porque somos muitos".

Em Lucas 8:2, observamos que "algumas mulheres foram curadas de espíritos malignos e enfermidades, dentre elas Maria Madalena, de quem o Mestre expulsou sete espíritos imundos".

Em Marcos 9 há um relato interessante:

> Logo que todo o povo viu Jesus, ficou muito surpreso e correu para saudá-lo. Perguntou Jesus: "O que vocês estão discutindo?" Um homem, no meio da multidão, respondeu: "Mestre, eu te trouxe o meu filho, que está com um espírito que o impede de falar. Onde quer que o apanhe, joga-o no chão. Ele espuma pela boca, range os dentes e fica rígido. Pedi aos teus discípulos que expulsassem o espírito, mas eles não conseguiram". Respondeu Jesus: "Ó geração incrédula, até quando estarei convosco? Até quando terei que suportá-los?" Tragam-me o menino. Então, eles o trouxeram. Quando o espírito viu Jesus, imediatamente causou uma convulsão no menino. Este caiu no chão e começou a rolar, espumando pela boca. Jesus perguntou ao

> pai do menino: "Há quanto tempo ele está assim?" "Desde a infância", respondeu ele. "Muitas vezes esse espírito o tem lançado no fogo e na água para matá-lo. Mas, se podes fazer alguma coisa, tem compaixão de nós e ajuda-nos." "Se podes?" Disse Jesus. "Tudo é possível àquele que crê". Imediatamente o pai do menino exclamou: "Creio, ajuda-me a vencer a minha incredulidade!" Quando Jesus viu que uma multidão estava se ajuntando, repreendeu o espírito imundo, dizendo: "espírito mudo e surdo, eu ordeno que o deixe e nunca mais entre nele". O espírito gritou, agitou-o violentamente e saiu. O menino ficou como morto, ponto de muitos dizerem: Ele morreu. Mas Jesus tomou-o pela mão e o levantou, e ele ficou em pé. Depois de Jesus ter entrado em casa, seus discípulos lhe perguntaram em particular: "Por que não conseguimos expulsá-lo?" Ele respondeu: "Essa espécie só sai pela oração e pelo jejum".

Sempre procurei entender o que Jesus quis dizer com jejum e oração relacionando-os a este caso. A oração é necessária em qualquer situação da vida, mas o jejum, que efeito teria na expulsão daquele "demônio"? Sempre me questiono se não seria o jejum das más ações, pois ficar sem comer não influencia positivamente o padrão "moral" na desobsessão. Pode até atrapalhar, pois com fome não pensamos convenientemente. Estaria Jesus em jejum naquela hora quando todos os outros estavam bem alimentados?

Penso que não. O jejum deve ter outra conotação neste caso. Às vezes faço conjecturas ou divago sobre o tema relacionando-o ao contexto atual onde os obsessores já adentram o campo da nanotecnologia e implantam chips e outros artefatos em suas vítimas. E nesse devanear imagino o Senhor da paz, o governador planetário sem poder dizer aos seus discípulos o motivo verdadeiro devido ao desconhecimento deles. Então o ouço dizer: é porque esse tipo de espírito é um especialista. Um técnico que domina a arte de subjugar através de artifícios tecnológicos que somente daqui a dois mil anos vocês verão sobre a Terra.

Bezerra de Menezes, grande estudioso do tema, mais aprofunda essa realidade intrínseca aos mundos inferiores.

> Prosseguindo, lembraremos ainda certas obsessões de que tratam os Evangelhos, os quais tornam o obsidiado surdo e mudo, geralmente desde o nascimento ou a infância; e muitas vezes, quando passais por um desses infelizes na via pública, longe estareis de compreender que vos encontrais diante de um doente psíquico e não propriamente físico, de um obsidiado, que vem sendo atormentado desde o estágio do Invisível, durante a desencarnação, e cujas consciências e vibrações, acometidas de mil prejuízos daí originados, somente conseguiram modelar para sua reencarnação expiatória um feto - ou corpo - apropriado ao seu demérito consciencial.

Casos há curáveis, neste exemplo, com a retirada dos algozes, consoante a prática o tem demonstrado. A maioria, no entanto, não será curável, uma vez que aí se enquadrarão também os delatores, os caluniadores do passado, grandes intrigantes, maldizentes e blasfemos, aqueles que abusaram do dom da palavra para desabonarem o próximo, torturar os corações, escandalizar a sociedade em que viveram.

Aqueles a quem destarte feriram, incapazes da magnificência do perdão, tornados inimigos poderosos, rodeiam-nos com represálias terríveis desde antes da reencarnação, perseguindo-os, muitas vezes, durante etapas longas, mesmo durante séculos. E a lei da Criação assim o permite para que as criaturas, à custa da própria experiência, aprendam a considerar as leis do Dever e da Justiça, únicas que lhes concederão situação digna no seio das sociedades em que viverem.

***Dramas da obsessão,* Bezerra de Menezes,**
psicografia de Yvonne Pereira.

A única garantia que temos de não nos tornarmos vítimas da obsessão é o proceder reto, consubstanciado na lei áurea gravada por Jesus nos ouvidos e almas que o cercaram na Terra. Faça aos outros todo bem que quer que lhe façam. Ame a Deus e ao próximo, porque a vibração do amor concede um escudo impenetrável que blinda o espírito e pacifica o corpo. No mais, inimigos sempre existirão à sua volta, pois isso é bem próprio de um mundo inferior. Até Jesus os teve. Mas a diferença é que se não odeia não tem problemas. Estes são de quem o odeia.

E que tenhamos paz para bem dormirmos e pacificados acordarmos.

Obsessão e efeitos físicos

Destaca-se entre os efeitos físicos o fenômeno de transporte, como sendo um dos mais espetaculares. É definido por Kardec como condução espontânea de objetos inexistentes no lugar onde estão os observadores. São quase sempre flores, frutos, confeitos, joias etc. (item 96 de *O Livro dos Médiuns*). Segundo Erasto (item 98 do mesmo livro), esse é um dos fenômenos espíritas mais raros em razão das condições muito especiais requisitadas para sua ocorrência. Uma dessas condições é a perfeita sintonia entre o espírito desencarnado e o médium já que, segundo Erasto, o espírito só pode realizar o fenômeno de transporte utilizando os fluidos animalizados de um único médium, aliando-o ao seu, resultando dessa fusão uma força una.

Embora este fenômeno tenha sido estudado por Kardec, os mecanismos físicos do fenômeno de transporte ainda permanecem desconhecidos. Há na literatura espírita duas propostas distintas para explicar o fato: a possibilidade de desintegração e reintegração das moléculas do objeto transportado ou das paredes do recinto, defendida por Ernesto Bozzano e a possibilidade de o objeto ser movido através de uma quarta dimensão espacial, defendida por Johan Carl Friedrich Zöllner, professor da cadeira de Astrofísica na Universidade de Leipzig e descobridor da ilusão de ótica que leva o seu nome: a chamada ilusão de Zöllner.

Desde cedo, este cientista se interessou pelos fenômenos espíritas, desenvolvendo a "teoria da quarta dimensão", que defendeu apoiado em posições teóricas e, sobretudo, em experiências práticas. Esclarece sua teoria, que o universo teria, além das três dimensões da geometria euclidiana, uma quarta, pela qual se explicariam os fenômenos de ordem mediúnica. Essa dimensão suplementar seria uma extensão da própria matéria, invisível e imperceptível aos sentidos físicos humanos. Com isso, os fenômenos espíritas perderiam a sua característica mística e ingressariam no campo da física.

Muitas pessoas adentram o movimento espírita na esperança de esbarrar com algum efeito físico promovido por consciências extracorpóreas, que além de demonstrarem a existência de uma força que atua além da matéria bruta, o fazem com inteligência, o que prova que o fenômeno não está submetido ao acaso. As materializações, os transportes, a levitação, a escrita direta e tantos outros fenômenos de inegável tangibilidade, assustam e conquistam admiradores e curiosos que, se bem-intencionados, buscam as pesquisas e se rendem à veracidade dos fatos.

Mas essa ostensividade promovida pelo Além, já teve seus dias, limitando-se atualmente os imortais, ao ensino que apela ao cérebro e ao exemplo que age diretamente no coração. Os efeitos físicos da atualidade se relacionam mais à nanotecnologia; vinculam-se mais diretamente aos especialistas que vivem encastelados em seus laboratórios ultramodernos no astral, antigos magos, que já não utilizam de quinquilharias para suas torpezas, pois atualizados e capacitados em tecnologia estão aptos a promoverem os mais espetaculares lances, dignos de filmes de ficção científica. Implantam chips, reativam memórias, promovem inversões sexuais, simulam doenças fazendo suas vítimas sentirem os sintomas desejados por eles, ordenam suicídios, instalam a loucura e são tantas as "peraltices" desses garotos, que os mais descrentes os chamariam de mágicos.

Nós, os doutrinadores, esforçamo-nos em opor uma resistência à altura, mas sem os mentores, nada conseguimos nesse cenário. O contraponto vem com a atuação dos técnicos que nos auxiliam e dos milicianos que não descansam em serviço. Explodem laboratórios, desmaterializam chips, aprisionam meliantes, combatem tecnologia com tecnologia mais avançada. Mas nem sempre é preciso ser um técnico para promover um efeito físico espetacular no corpo de seu inimigo. Analisemos estes casos apresentados por Yvonne Pereira em seu magnífico trabalho, *Recordações da mediunidade:*

> Um jovem de doze anos de idade, único filho varão de modesto sitiante dos arredores da cidade (Lavras), cujo nome era José Teodoro Vieira, fora atacado de uma espécie de paralisia infantil desde os seus dois anos de idade, paralisia que lhe deformara terrivelmente as pernas, tornando-as tortas,

unidas pelos joelhos; os braços eram arcados e retesados, e até a fisionomia se apresentava abobalhada e como que intumescida por um esforço ignoto.

Era, além de tudo, também mudo. Ao penetrar a sede do centro, acompanhado pelo pai, os dois videntes então presentes e também eu mesma, também presente, fomos concordes em perceber uma forma escura e compacta cavalgando o rapaz, como se ele nada mais fosse que uma alimária de sela, visto que até as rédeas e o freio na boca existiam estruturados na mesma sombra escura.

O enfermo, com efeito, mantinha o dorso curvado, como se submetendo ao jugo do seu cavaleiro, chorava de dores musculares, de dores lombares, de ouvido e de garganta, e tudo indicava que uma espécie de reumatismo incurável, uma paralisia parcial, originária da sífilis, o infelicitaria para sempre, pois os médicos consultados já haviam esgotado os seus recursos científicos para o curarem; o pobre pai despendera o máximo das suas posses para o tratamento, mas o mal permanecia desafiando o tempo e as tentativas de cada um.

Tratava-se, como vemos, de obsessão típica daquelas citadas nos Evangelhos de Jesus, as quais tinham até mesmo o poder de tornar surdo e mudo o paciente, e que Jesus e seus apóstolos com tanta facilidade curavam com a aposição das mãos. No decurso de dez anos de domínio, essa terrível obsessão afetara músculos e nervos, glândulas e sistema nervoso do passivo, o que desorientara os próprios médicos, que, tratando do enfermo com os métodos ditos científicos e indicados para o caso, não logravam sequer alívio para ele.

Logo na primeira sessão realizada e quando o paciente só havia recebido passes, aplicados conforme a indicação, apresentou-se um antigo escravo africano, do Brasil, revoltado contra a violência que faziam, retirando-o à força do dorso do seu "corcel":

- Porque então não posso também castigá-lo, ele já me castigou tanto - dizia. - Ele foi meu Senhor e me subjugou enquanto vivi... Agora é a minha vez de subjugá-lo com o meu chicote e a minha espora... Não era eu o burro de carga que ele chicoteava? Pois agora o burro é ele e a carga sou eu... Chumbo "berganhado" não dói...

- Mas não vês que este rapaz conta apenas doze anos de idade, e não podia ter sido teu senhor, quando a escravatura foi abolida há tantos anos?... - retrucou o presidente da mesa com inteligência, tentando esclarecimentos doutrinários.

- Ora, ora, ora... - tornou a entidade - eu bem sei o que digo e quem é ele, o meu burro... Ele é Nhonhô Teodoro Vieira, sim, não me engano não... eu nunca o perdi de vista...

Facilmente esse opressor foi retirado e encaminhado às estâncias do Invisível convenientes ao seu estado, talvez a uma reencarnação imediata, e, prosseguindo o tratamento recomendado, o moço enfermo tornou-se radicalmente curado em trinta dias.

Conversando com o pai do jovem, soube-se que

Nhonhô Teodoro fora o bisavô do próprio enfermo, e que possuíra alguns escravos, pequeno fazendeiro que fora na zona rural da velha cidade. Pela lei da reencarnação, os próprios acontecimentos autorizam a dedução de que o jovem José Teodoro Vieira mais não era do que a reencarnação do próprio bisavô.

Colocado agora na quarta geração da própria família, padecia a vingança de um escravo odioso que não fora capaz de perdoar os males recebidos, e, assim, descrendo da justiça de Deus, fazia justiça pelas próprias mãos. Lembro-me ainda da última receita concedida pela entidade dr. Bezerra de Menezes ao jovem obsidiado: Beladona e China da 5ª dinamização e seis vidros de antigo reconstituinte muito usado pela época. Deslumbrado, o pai do rapaz tornou-se espírita com toda a família, desejoso de se instruir no assunto, enquanto o filho, falando normalmente, explicava, sorridente:

– Eu sabia falar, sim, mas a voz não saía porque "uma coisa esquisita" apertava minha língua e engasgava a garganta.

Essa coisa esquisita seria, certamente, o "freio" forjado com forças maléficas invisíveis...

Recordações da mediunidade, **Yvonne Pereira.**

De certa feita, pela mesma ocasião em que se passou o caso antecedente, certo jovem de dezoito primaveras, também natural da zona rural daquela tradicional cidade mineira, foi levado ao dito centro espírita, por um seu irmão mais velho, que desejava curá-lo das peraltices que vinha praticando. O jovem, a quem chamavam Joãozinho, saltou então, imediatamente, para as cadeiras vazias do salão, equilibrando-se nos rebordos do encosto das mesmas, frágeis cadeiras de palhinha, que não suportariam o peso do volume, sem virar, se não ocorresse o fenômeno de levitação, espontâneo e belo.

O jovem ia e vinha pelos rebordos do espaldar das cadeiras como o equilibrista no arame, no picadeiro de um circo de diversões. Este mesmo obsidiado exibia-se em mímicas, caretas espirituosas e piruetas típicas, espojando-se no chão e coleando qual serpente, ou caminhando sobre as mãos e com as pernas para cima, saltando e pulando graciosamente, quando, no seu estado normal, era modesto e bisonho como legítimo camponês mineiro que era.

Para sua cura, no entanto, não foi necessário nem mesmo o trabalho de sessões práticas. Afastada a entidade intrusa pela ação do passe, aplicado com poderosa corrente magnética de quatro médiuns, e comunicando-se a mesma pelo médium de incorporação, que sempre havia à mão, para casos de emergência, identificou-se como um pobre equilibrista de circo, que simpatizara com o rapaz e ensinava-lhe a própria arte, desejando retirá-lo da enxada para labores menos rudes. O paciente foi igualmente curado com facilidade, visto não se tratar de obsessão odiosa e sim de fortes atuações amistosas do Invisível num admirável médium de efeitos físicos.

***Recordações da mediunidade*, Yvonne Pereira.**

Herculano Pires, discorrendo sobre o tema, analisando casos nos quais o paciente se apresenta com objetos pontiagudos introduzidos em seu corpo assim se expressa:

> Os casos de autoflagelação decorrente de distúrbios psíquicos da vítima, implicaria a ação consciente ou inconsciente desta, introduzindo ela mesma os objetos em seu corpo. Favorece essa interpretação o fato de serem geralmente de fácil introdução no corpo, objetos como agulhas, pequenos fios de arame, pequenos estiletes de madeira ou metal, sempre numa disposição que favorece a operação pela própria vítima ou quase sempre em partes do corpo que não oferecem possiblidades de prejuízo, como aleijões, deformações ou morte do paciente. **Entretanto, os cuidados podem também ser tomados pelos vampiros flageladores, que não pretendem matar a vítima, mas simplesmente torturá-la**. (grifo meu)
>
> ***Vampirismo*, Herculano Pires.**

Na condição de cientista, Herculano não descarta as duas possibilidades. Mas no estudo do espiritismo, no que se refere à obsessão, além do processo obsessivo em si, há de se ver ainda como pano de fundo desse fenômeno, a lei de ação e reação, que determina o carma do indivíduo, as afinidades entre os envolvidos e o potencial imenso que o espírito detém de reagir a uma agressão sobrepondo-se às investidas contra ele, lembrando que este potencial pode permanecer adormecido ou não.

Importemo-nos mais com nossa reforma moral e avanço intelectual e com passos lentos e seguros, gradativamente, entenderemos tudo sobre tudo.

A DIVERSIDADE DE ORAÇÕES

ALGUMAS PESSOAS JULGAM QUE oração tem fórmula, que umas têm mais forças que outras pela quantidade de palavras ou pela escolha delas. Mas a força depende de quem a faz. Em *O Evangelho segundo o Espiritismo* podemos constatar as condições nas quais devemos fazê-la. Não citamos aqui a palavra, ritual, mas lembramos o preparo adequado para que a oração possa atingir seus fins.

> E quando orais, não haveis de ser como os hipócritas, que gostam de orar em pé na sinagoga, e nos cantos das ruas, para serem vistos dos homens; em verdade vos digo, que eles já receberam a sua recompensa. Mas tu, quando orares, entras no teu aposento, e fechada a porta, ora a teu Pai em secreto; e teu Pai, que vê o que se passa em secreto, te dará a paga. E quando orais, não faleis muito, como os gentios; pois cuidam que pelo seu muito falar serão ouvidos. Não queiras, portanto, parecer-vos com eles; porque vosso Pai sabe o que vos é necessário, primeiro que vós lho peçais.
>
> **Mateus, VI: 5-8.**

> Mas quando vos puserdes em oração, se tendes alguma coisa contra alguém, perdoai-lha, para que também vosso Pai, que está nos Céus, vos perdoe os vossos pecados. Porque se vós não perdoardes, também vosso Pai, que está nos céus, não vos há de perdoar vossos pecados.
>
> **Marcos, XI: 25-26.**

Em *O Evangelho segundo o Espiritismo* existe um estudo sobre a ação da prece, dos mais inteligentes e simples. Vejamos tão completo tratado, do qual extraí apenas um fragmento:

> – A prece é uma invocação: por ela nos pomos em relação mental com o ser a que nos dirigimos. Ela pode ter por objeto um pedido, um agradecimento ou um louvor. Podemos orar por nós mesmos ou pelos outros, pelos vivos ou pelos mortos. As preces dirigidas a Deus são ouvidas pelos espíritos encarregados da execução dos seus desígnios; as que são dirigidas aos bons espíritos vão também para Deus. Quando oramos para outros seres, e não para Deus, aqueles nos servem apenas de intermediários, de intercessores, porque nada pode ser feito sem a vontade de Deus.
>
> – O espiritismo nos faz compreender a ação da prece, ao explicar a forma de transmissão do pensamento, seja quando o ser a quem oramos atende ao nosso apelo, seja quando o nosso pensamento eleva-se a ele. Para se compreender o que ocorre

> nesse caso, é necessário imaginar os seres, encarnados e desencarnados, mergulhados no fluido universal que preenche o espaço, assim como na Terra estamos envolvidos pela atmosfera. Esse fluido é impulsionado pela vontade, pois é o veículo do pensamento, como o ar é o veículo do som, com a diferença de que as vibrações do ar são circunscritas, enquanto as do fluido universal se ampliam ao infinito. Quando, pois, o pensamento se dirige para algum ser, na Terra ou no espaço, de encarnado para desencarnado, ou vice-versa, uma corrente fluídica se estabelece de um a outro, transmitindo o pensamento, como o ar transmite o som.
>
> A energia da corrente está na razão direta da energia do pensamento e da vontade. É assim que a prece é ouvida pelos espíritos, onde quer que eles se encontrem, assim que os espíritos se comunicam entre si, que nos transmitem as suas inspirações, e que as relações se estabelecem à distância entre os próprios encarnados.
>
> ***O Evangelho segundo o Espiritismo,***
> **Allan Kardec, cap. XXVII**

Quando o apóstolo Paulo recomendou que orássemos sem cessar, não nos convocou a um regime de contemplação excessiva desligando-nos das tarefas cotidianas. Quis enfatizar que todo trabalho bem-intencionado, com finalidades benéficas, poderia ser contabilizado como uma oração. O professor que ministra uma boa aula, ora. Um médico que bem atende seus pacientes, ora. É nesse sentido que abordamos a oração, embasado na explicação de Bezerra de Menezes abaixo transcrita:

> Entrementes, na câmara de Angelita reinava consoladora paz espiritual. Vibrações harmoniosas dulcificavam o ambiente num como sussurrar enternecido de prece. Mas ninguém orava. Pelo menos julgava não orar a personalidade que de si despendia tão sedutoras irradiações... Sim, porque nem sempre uma prece é real somente quando se dirijam exortações a Deus ou a seus mensageiros, no intuito da oração.
>
> Uma leitura edificante, que retempere ou enobreça a mente, pensamentos altruísticos e beneficentes em favor do próximo ou de si mesmo poderão repercutir nos fluidos cósmicos, encaminhando-se para os altos círculos do bem, e daí carrear para o coração que assim procede, como para aqueles que lhe ficam ao pé, consideráveis estímulos para o melhor, tal como o faria a prece propriamente dita.
>
> Sim! No aposento de Angelita ninguém orava! Era tão somente Sara, a jovem viúva, que, à cabeceira da amiga inanimada, abria diante de si um pequeno livro e percorria, atenta, as suas páginas, em leitura suave e restauradora. Curioso, procurei inteirar-me do conteúdo daquelas páginas que tão docemente protegia o quarto da doente. Tratava-se da *Imitação de Cristo*, livro então muito acatado pelos adeptos cultos da religião católica romana e em

cujas lições sorviam, efetivamente, doces mananciais de consolação e esperanças, nas horas doridas do infortúnio, os corações sedentos de justiça, levados pela vontade de se predisporem ao bem.

***Dramas da obsessão*, Bezerra de Menezes, psicografia de Yvonne Pereira.**

Notemos que Sara não orava formalmente, mas lia, compenetrada, uma obra inspiradora, tais quais essas que nossos autores espíritas escrevem e ofertam aos leitores na tentativa de elevar-lhes os padrões morais e dos quais podem se beneficiar com a doce companhia dos anjos. Quando Jesus aconselhou a vigilância e a oração como métodos de proteção individual e coletiva, também tinha essa intenção, a de aproximar os indivíduos dos planos iluminados. O espiritismo é portador de uma safra imensa de boas obras, primorosamente preparadas para o avanço moral do planeta. De romances à autoajuda, de ciência à filosofia, buscando, de tudo se encontra.

Portanto, atento ao valor de uma boa leitura, equivalente ao de uma prece, com o mesmo poder atrativo para que os bons espíritos lhes cerquem, leia. Sabendo que um trabalho honesto e positivo para a sociedade equivale a uma prece, trabalhe. Entendendo que o amor cobre uma multidão de pecados, ame. Nosso Deus é um Deus de soluções e não de problemas.

Premonições

Premonição ou pressentimento é a sensação ou advertência antecipada do que vai acontecer. Antes de reencarnar, o espírito, na maioria das vezes, toma conhecimento do seu programa reencarnatório, mas ao mergulhar na carne advém o esquecimento do conteúdo desse planejamento. Todavia, a misericórdia divina, com a aproximação de determinado fato marcante na vida do espírito, previsto na sua programação, poderá alertá-lo através de amigos espirituais que o advertem daquilo que está prestes a acontecer:

Léon Denis, por exemplo, o eminente colaborador de Allan Kardec, tantas vezes por nós citado nestas páginas, a cuja dedicação à doutrina espírita tantas belas e elucidativas lições devemos, no seu importante livro *No invisível*, oferece-nos excelentes casos desse fenômeno, casos rigorosamente comprovados pelos acontecimentos posteriores e ocorridos com personagens importantes da História. Transcreve ele valiosas citações de outros autores, no capítulo XIII – "Sonhos premonitórios, clarividência. Pressentimentos":

> Nos sonhos são com frequência registrados

fenômenos de premonição, isto é, comprova-se a faculdade, que possuem certos sensitivos, de perceber, durante o sono, as coisas futuras. São abundantes os exemplos históricos: Plutarco (Vida de Júlio César) faz menção do sonho premonitório de Calpúrnia, mulher de César. Ela presenciou durante a noite a conjuração de Brútus e Cássius e o assassínio de César, e fez todo o possível por impedir este de ir ao Senado.

Pode-se também ver em Cícero (De Divinatione, I, 27) o sonho de Simônides; em Valério Máximo (VII, § I, 8) o sonho premonitório de Atério Rufo (VII, § I, 4) e o do rei Creso, anunciando-lhe a morte de seu filho Athys.

Em seus Comentários, refere Montlue que assistiu, em sonho, na véspera do acontecimento, à morte do Rei Henrique II (da França), traspassado por um golpe de lança, que num torneio lhe vibrou Montgommery.

Sully, em suas Memórias (VII, 383), afirma que Henrique IV (da França) tinha o pressentimento de que seria assassinado em uma carruagem.

Fatos mais recentes, registrados em grande número, podem ser comprobatoriamente mencionados:

Abraham Lincoln sonhou que se achava em uma calma silenciosa, como de morte, unicamente perturbada por soluços; levantou-se, percorreu várias salas e viu, finalmente, ao centro de uma delas, um catafalco em que jazia um corpo vestido de preto, guardado por soldados e rodeado de uma multidão em prantos. 'Quem morreu na Casa Branca?' - perguntou Lincoln. 'O presidente!' - respondeu um soldado - 'foi assassinado!'. Nesse momento uma prolongada aclamação do povo o despertou. Pouco tempo depois morria ele assassinado."

... Servindo-nos do direito que a ciência espírita concede ao seu adepto, de procurar instruir-se com os seus guias e amigos espirituais, sobre pontos ainda obscuros da mesma, como o fenômeno das premonições, para as quais não encontramos explicações satisfatórias em nenhum compêndio espírita consultado, certa vez interrogamos o amigo Charles sobre a questão. Perguntamos, valendo-nos da escrita:

- Podeis esclarecer-nos sobre o processo pelo qual somos avisados de certos acontecimentos, geralmente importantes e graves, a se realizarem conosco, e que muitas vezes se cumprem como os vimos em sonhos ou em visões?

E ele respondeu, psicograficamente:

- Existem vários processos pelos quais o homem poderá ser informado de um ou outro acontecimento futuro importante da sua vida. Comumente, se ele fez jus a essa advertência, ou lembrete, pois isso implica certo mérito, ou ainda certo desenvolvimento psíquico, de quem o recebe, é um amigo do Além, um parente, o seu espírito familiar ou o próprio Guardião Maior que lhe comunicam o fato a realizar-se, preparando-o para o evento, que geralmente é grave, doloroso, fazendo-se sempre em linguagem encenada, ou figurada, como de uso no Invisível, e daí o que chamais "avisos pelo sonho", ou seja, "sonhos premonitórios".

De outras vezes, é o próprio indivíduo que, recordando os acontecimentos que lhe serviriam de testemunhos reparadores, perante a lei da criação, delineados no mundo espiritual às vésperas da reencarnação, os vê tais como acontecerão, assim os casos de morte, sua própria ou de pessoas da família, desastres, dores morais etc. E os seus protetores espirituais, que, igualmente, conhecem o programa de peripécias do pupilo, delineado no evento da reencarnação, com mais razão o advertirão no momento necessário, seja através do sonho ou intuitivamente.

Pode acontecer que, num caso de traição de amor, por exemplo, provação que tanto fere os corações sensíveis e dedicados, e nos casos de deslealdade de um amigo, o paciente, durante o sono, penetre a aura do outro, por quem se interessa, e aí descubra as suas intenções, lendo-lhe os pensamentos e os atos já realizados mentalmente, como num livro aberto ilustrado, tal a linguagem espiritual, e então verá o que o outro pretende concretizar em seu desfavor, como se fora a realização de um sonho, pois tudo foi habilmente gravado em sua consciência e as imagens fotografadas em seu cérebro, permitindo a lembrança ao despertar, não obstante empalidecidas. Futuramente o fato será realizado objetivamente e aí está o aviso.

De outro modo, seguindo a corrente espiritual das ações de uma pessoa encarnada, por deduções um amigo da espiritualidade se cientificará de um acontecimento que mais tarde se efetivará com precisão. Ele poderá comunicar o acontecimento ao seu amigo terreno e o fará de modo sutil, em sonho ou pressentimento. O estudo da lei de causa e efeito é matemático, infalível; concreto, para a observação das entidades espirituais de ordem elevada, e, assim sendo, ele se comunicará com o seu pupilo terreno através da intuição, do pressentimento, da premonição, do sonho etc. O estudo da matemática de causa e efeito é mesmo indispensável, como que obrigatório, às entidades prepostas à carreira transcendente de guardiães, ou guias espirituais. Estudo profundo, científico, que se ampliará até prever o futuro remoto da própria Humanidade e dos acontecimentos a se realizarem no globo terráqueo, como hecatombes físicas ou morais, guerras, fatos célebres etc., daí então advindo a possibilidade das profecias quando o sensitivo, altamente dotado de poderes supra-normais, comportar o peso da transmissão fiel aos seus contemporâneos. É um dos estudos, portanto, que requerem um curso completo de especialização.

Outrossim, acresce a importante circunstância

de que todos esses acontecimentos de um modo geral se prendem ao lastro da evolução do planeta como do indivíduo, e o sábio instrutor deste, como os auxiliares do governo do planeta, estão aptos a perceber o que sucederá daqui a um ano, um século ou um milênio, pelo estudo e deduções científicas sobre o programa da evolução da Criação, pois o tempo é inexistente nas esferas da espiritualidade e a entidade sábia facilmente deduzirá, e com certeza matemática, os sucessos em geral, subordinados ao trabalho da evolução, como se se tratasse do momento presente.

O indivíduo que sofrerá esta ou aquela provação ou o que terá de apresentar testemunhos de valor moral pela expiação, jamais o ignora no seu estado espiritual de semiliberdade através do sono ou do transe mediúnico (pode-se cair em transe mediúnico sem ser espírita, mormente quando se dorme), visto que consentiu em experimentar todas essas lições reparadoras. Mas, se não conserva intuições a tal respeito no estado normal humano, almas amigas e piedosas poderão relembrá-las em sonhos ilustrados, assim preparando-o e auxiliando-o a adquirir forças e serenidade para o embate supremo.

Casos há em que o aviso virá por outrem ligado ao paciente, mais acessível às infiltrações espirituais premonitórias. Agradecei a Deus as advertências que vos são concedidas às vésperas das provações. Elas indicam que não sofrereis sozinhos, que

> amigos desvelados permanecem ao vosso lado dispostos a enxugar as vossas lágrimas com os bálsamos do santo amor espiritual inspirado pelo amor de Deus. Com essas pequenas indicações e estudando tão interessantes fenômenos, cremos que chegaremos a vislumbrar algo sobre o mecanismo dos avisos transcendentes que tantos de nós temos recebido do mundo invisível às vésperas de acontecimentos importantes de nossas vidas.
>
> ***Recordações da mediunidade*, Yvonne Pereira.**

Conta-se que antes do desastre ocorrido com o Titanic, navio que afundou em 1912 levando consigo centenas de vítimas para o fundo do oceano, muitas pessoas tiveram a mesma visão antecipada do seu naufrágio. Em tempos de guerras e calamidades este fato parece recorrente, talvez pela preocupação de amigos espirituais que procuram alertar e proteger seus pupilos.

Todos nós temos pressentimentos ou temos e não os identificamos como tal. Para completarmos nosso estudo recorramos ainda aos melhores e mais confiáveis resumos, os expostos na codificação espírita, neste caso, *O Livro dos Espíritos*:

> 522. O pressentimento é sempre uma advertência do espírito protetor?
>
> – O pressentimento é o conselho íntimo e oculto de um espírito que vos deseja o bem. E também a intuição da escolha anterior: é a voz do instinto. O espírito, antes de se encarnar, tem conhecimen-

to das fases principais da sua existência, ou seja, do gênero de provas a que irá ligar-se. Quando estas têm um caráter marcante, ele conserva uma espécie de impressão em seu foro íntimo, e essa impressão, que é a voz do instinto, desperta quando chega o momento, tornando-se pressentimento.

523. Os pressentimentos e a voz do instinto têm sempre qualquer coisa de vago; na incerteza, o que devemos fazer?

– Quando estás em dúvida, invoca o teu bom espírito, ou ora a Deus, nosso soberano Senhor, para que te envie um de seus mensageiros, um de nós.

524. As advertências de nossos espíritos protetores têm por único objetivo a conduta moral ou também a conduta que devemos ter em relação às coisas da vida privada?

– Tudo; eles procuram fazer-vos viver da melhor maneira possível, mas frequentemente fechais os ouvidos às boas advertências e vos tornais infelizes por vossa culpa.

Comentário de Kardec: Os espíritos protetores nos ajudam com os seus conselhos através da voz da consciência que fazem falar em nosso íntimo; mas como nem sempre lhes damos a necessária importância oferecem-nos outros mais diretos, servindo-se das pessoas que nos cercam. Que cada

> um examine as diversas circunstâncias, felizes ou infelizes, de sua vida, e verá que em muitas ocasiões recebeu conselhos que nem sempre aproveitou e que lhe teriam poupado muitos dissabores, se os houvesse escutado.

Esteja alerta! Deus age através dos amigos, das circunstâncias e até pelas pedras do caminho. Escute Sua voz, Seu conselho, Seu amor. Ouvir estrelas! Lembra-se do poema de Olavo Bilac? Se elas falam, Deus pode enviar conselhos por elas.

A relação com os suicidas

Por ter praticado o suicídio duas vezes e por nutrir grande ternura por esses sofredores, pois sentiu na pele todas as tragédias experimentadas por eles, Yvonne se percebia na obrigação de orar diariamente por suas angústias, o que lhe dava certa paz e uma alegria calma. Lia à noite em seu apartamento, o capítulo VI de *O Evangelho segundo o Espiritismo*, intitulado de "O Cristo Consolador" e observava como eles se aproximavam, saindo das sombras, tímidos, atraídos pela luz gerada pelas orações e pela esperança contida naquelas palavras consoladoras, pronunciadas pelo Espírito de Verdade.

Conservava em um caderno dezenas de nomes de suicidas apanhados de jornais, estações de rádio, notícia de amigos e fazia dessa tarefa uma missão, qual se Jesus a houvesse confiado com a austera observação de jamais se desligar dela. Esse fato, ter sido suicida, marcou sua encarnação como médium, mantendo-a em disciplina férrea que não a permitia se afastar das duas principais bandeiras do espiritismo: a reforma moral e o "amai-vos e instruí-vos", pois viveu tais caminhos rigorosamente e religiosamente.

Foi uma encarnação de dores, como ela afirma, mas

necessária à sua evolução espiritual e à redenção de seu espírito outrora rebelde às leis divinas. Dívida paga com amor, sem a exclusão da dor, pois no dizer de Emmanuel, é uma honra para o espírito trabalhar e sofrer por amor a Jesus Cristo. Tivemos a grata surpresa de receber por ocasião do 3º Congresso Espírita Brasileiro uma psicografia desse grande espírito, que continua trabalhando nas hostes do Consolador Prometido por Jesus, o espiritismo. Seu amor pelos suicidas continua intacto e sua vontade de auxiliá-los, agora no plano espiritual, gera mais frutos para esses desgraçados. Seu espírito, já pacificado em suas dores e mais iluminado em sua fé, consolidada através da atuação no limite das forças, como sugerem os que orientaram Kardec na codificação espírita, está entre nós, pois lugar de trabalhador é em afazeres junto ao seu arado. Onde há trabalho no bem há justiça, amizade, progresso e caridade. Querendo sua companhia é enquadrar-se neste contexto. Eis as palavras dessa incansável trabalhadora:

> Amigos e irmãos, abraço-os fervorosamente.
>
> Nesta oportunidade, desejo compartilhar com os companheiros um fato relacionado ao suicídio que resultou numa série de ações, desenvolvidas ao longo de 18 meses, aproximadamente, mas cujo desfecho superou todas as expectativas, mesmo as inimagináveis.
>
> As regiões de sofrimento onde vivem os suicidas, de todas as categorias, são inúmeras e vastas nos planos do espírito. Brotam de um dia para outro, pois os excessos da Humanidade têm reduzido

o tempo de reencarnação para um número significativo de pessoas. Os atentados contra a manutenção da saúde física, mental e psicológica atingem cifras realmente assustadoras. A campanha em Defesa da Vida, conduzida pelos espíritas, é ação que ameniza a situação. Mas algo mais intenso e abrangente, que envolva a sociedade, urge ser desenvolvido. Assim, passamos ao nosso relato.

Localizamos em determinado nicho, em nosso plano, uma comunidade de suicidas vivendo em situação precária, em todos os aspectos. Chamava a nossa atenção que tal reduto de dor nunca reduzia de tamanho. Ao contrário, contabilizávamos um número crescente, dia após dia. Procurando analisar a problemática por todos os seus ângulos, verificamos que no local, incrustado em espaço de difícil acesso, existia uma espécie de "escola" - se este é o nome que se pode utilizar - cujos integrantes se especializaram em indução ao suicídio: técnicas, recursos e equipamentos sofisticados eram desenvolvidos para que encarnados cometessem suicídio.

O suicida era, então, conduzido à instituição e, sob tortura, a alma sofredora fornecia elementos mentais que serviam de alimento à manutenção de diferentes desarmonias que conduzem o homem ao desespero. Fomos surpreendidos pela existência de tal organização e estarrecidos diante do fato, de como a alienação, associada à maldade, pode desestruturar o ser humano. Após tomar conhecimento dos detalhes, um plano de trabalho foi definido, depois que um mensageiro de elevada região veio até nós. Durante algum tempo pelejamos para sermos adequadamente preparados, inclusive aprendendo a liberar vibrações mais sublimadas, a fim de fornecer a matéria mental e sentimentos puros que pudessem erguer um campo de força energético ao redor do local.

Almas devotadas estiveram conosco permanentemente, instruindo-nos, fortificando-nos e nos revelando a excelsitude do amor. Entretanto, era preciso fazer algo mais. Desfazer a organização não representaria, em princípio, maiores problemas; o desafio seria convencer os instrutores a não fazer mais aquele tipo de maldade. Várias tentativas foram envidadas, neste sentido. Orientadores esclarecidos da vida maior foram rejeitados e até ridicularizados. Nada conseguíamos com os dirigentes daquela instituição, voltada para a prática do suicídio. Mas, a vitória chegou, gloriosa, no final da tarde do domingo último, quando, convidados a participar do encerramento do Congresso, aqueles dirigentes presenciaram a luminosidade do amor.

Conseguiram, finalmente, ver o significado da vida, a sua importância e fundamentos. Foram momentos de grande emoção que envolveu a todos nós, quando uma nesga de luz desceu sobre os encarnados e desencarnados no exato instante em que todos, em ambos os planos da vida, se deram as mãos e cantaram a música em prol da paz. A nesga de luz se alargou, cresceu, envolveu a todos. A força do amor jorrou plena e, em sublime explosão, rompeu o ar, circulou sobre a cabeça de todos, espalhou-se como poderosa onda para além do recinto, ganhando a cidade.

Brasília se nimbou de luz, no solo, nas águas. À nossa visão estupefata e maravilhada parecia que uma nova estrela estava surgindo. Os seres da criação, vegetais, animais e hominais, os elementos inertes, rochas e minerais, as construções humanas, prédios, edifícios, avenidas, bancos, repartições públicas e privadas, residências, tudo, enfim, foi banhado por luz pura e cristalina que jorrava do Alto. Célere, a bela luminosidade espalhou do coração da Pátria para todos os recantos do Brasil, das Américas, da Europa, África, mais além, no Extremo e Médio Oriente, atingindo todos os continentes, países e cidades. Alcançou os polos do Planeta, girou em bailado sublime, por breves minutos ao redor da Terra e se prolongou mais além, em direção ao infinito.

Jesus tinha se aproximado do Planeta, em brevíssima visita de luz, amor e compaixão.

Jamais presenciei tanta beleza e tanta paz!

Com afeto.

***Yvonne Pereira.* Mensagem psicográfica recebida por Marta Antunes de Moura, na Federação Espírita Brasileira, em Brasília, no dia 22 de abril de 2010.**

Conclusão

CONCLUIR UM TRABALHO SOBRE Yvonne, companheira de letras de muitos anos, me faz freneticamente feliz. Não me impressionam os feitos de Hércules, não vibro com a lista dos mais ricos do planeta, não defendo nem me incluo nas lutas vulgares sobre a supremacia da moda nos mais lindos vestidos de Paris. Gosto de coisas simples, verdadeiras, de reconhecido valor.

Fatalmente teria que amar essa mulher e apegar-me à sua obra como um filho se deixa guiar por sua mãe sem questionamentos sobre o caminho a seguir. Yvonne não se destaca apenas como médium de psicografia onde traduz com fidelidade as mensagens de seus guias. Também escreve e produz de sua própria competência. E é aí que ela demonstra talento e confiabilidade (se ela me ouvisse dizer isso, estaria agora a puxar-me as orelhas).

O prazer de ter escrito essa obra não se circunscreve apenas ao deleite de comentar sobre o espiritismo, doutrina que amo. Mas, sobretudo, de reportar-me a alguém que o viveu, o respirou, dele se alimentou e fez dele a inspiração maior de sua vida. Os temas que aqui desfilam foram selecionados não apenas para satisfazer a curiosidade sadia sobre aspectos da doutrina, mas, sobretudo, para levar aos seus adeptos o conhecimento das nuanças e das fundamentações nela contidas visando o aperfeiçoamento da prática mediúnica.

É um passeio pelos campos férteis e verdejantes da doutrina da consolação. Um presente que o leitor se dá, pois sabidamente hoje se reconhece através de testes efetuados nos laboratórios científicos mais respeitados no mundo da ciência, que a maior alegria que o ser humano pode sentir, a felicidade relativa, mas palpável, que sua alma pode concretamente externar mensurada por sensores cerebrais, é o conhecimento.

O conhecimento neste campo está longe da vulgaridade de determinados temas abordados no planeta. Este ao qual me refiro é útil, necessário, belo, e com absoluta certeza, acompanhará o leitor além do portal da morte. Que Jesus, nosso mestre, senhor de sabedoria e de concórdia, nos oriente nas escolhas e prioridades da nossa vida.

Boa encarnação a todos.

Pequena biografia de Yvonne do Amaral Pereira

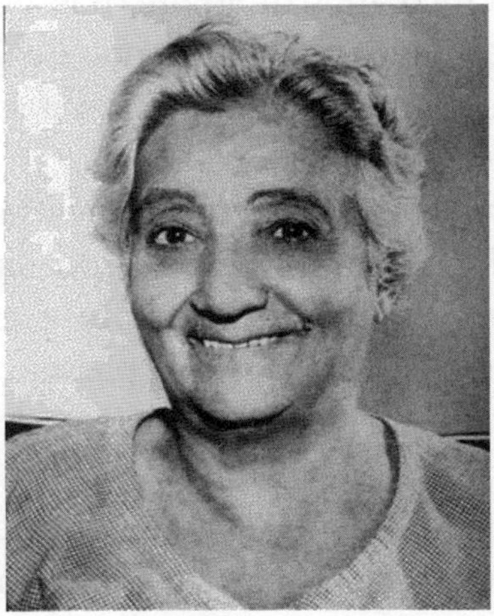

Nascida a 24 de dezembro de 1900, Yvonne desde criança demonstrou forte sensibilidade mediúnica e tendência ao auxílio ao próximo. Seu pai, homem austero e religioso, costumava levar para casa pessoas necessitadas exemplificando para sua filha, ainda criança, o amor que devemos cultivar uns para com os outros, independente de título, raça ou credo. As lições de aconchego ministradas por seu pai, que a levaram a conviver com mendigos alimentados em sua casa em determinadas situações e que, às vezes, nela dormiam, despedindo-se pela manhã, a tornaram uma alma nobre e sempre pronta a agir pelo bem-estar de todos.

Esses exemplos paternos deixaram em sua alma disciplinada uma herança bem caracterizada: a renúncia, marca forte que a distinguia diante das escolhas e a partilha de emoções e de bens materiais junto aos sofredores. Desde os cinco anos de idade, passou a ter percepções mediúnicas. Notava a presença dos espíritos com tal nitidez que, por vezes, confundia a si mesma e aos seus familiares.

As lembranças de vidas anteriores também contribuíram para lhe causar embaraços, pois, à tarde, ao ser banhada, ela exigia o vestido bonito e reclamava pela carruagem que a deveria levar a passeio, imagens ainda vivas e ativas em sua mente. No relacionamento com seu pai, mais de uma vez, em sendo chamada a atenção, olhava-o e dizia que ele não era seu pai, apontando para determinado local aparentemente vazio, afirmando que aquele que ali estava era o seu verdadeiro pai. Referia-se ao espírito Charles, seu guia espiritual, posto que o via com constância em sua lide de encarnada. Charles fora seu pai na penúltima encarnação e como o carinho deixa marcas indeléveis na alma, ambos se atraíam pela lei de afinidade e pela saudade que sentiam um do outro.

Aos vinte e nove dias de nascida, teve um colapso letárgico sendo tudo preparado para seu enterro. Sua mãe insistia que ela não estava morta e, preparando-se as pessoas para levar o pequeno caixão à sepultura, ela se recolheu ao quarto, orou à Maria, mãe de Jesus, pedindo fervorosamente por sua atuação a fim de que sua pequena não fosse sepultada. E prometeu dar-lhe o nome de Maria. O pai, contudo, tinha sua própria vontade e a registrou com o nome de Yvonne - Yvonne do Amaral Pereira.

No entanto, ela própria confidenciou a amigos que, na espiritualidade, os espíritos a chamavam por Maria, respeitando assim, a vontade e a promessa de uma mãe aflita. Yvonne, considerada por Chico Xavier como a melhor médium brasileira, teve sua biografia escrita a pedido da FEB, Federação Espírita Brasileira em 1982, ocasião em que destaca suas lutas e dificuldades, encontrando-se este material publicado na Revista Reformador, da FEB.

Destemida e sincera não temeu informar que ela própria era a personagem de muitas das histórias e romances escritos mediunicamente, por seu intermédio, descrevendo sua trajetória de acertos e desajustes, desde o ano 40 da era cristã à atualidade, conforme os registros em *Sublimação* (Lygia/ Nina/ Leila); *Nas voragens do pecado* (Ruth-Carolina); *O Cavaleiro de Numiers* (Berthe de Soumerville); *O drama da Bretanha* (Andrea de Guzmann).

O casamento não fez parte de sua vida, embora ela tenha insistido com alguns namoros que, conforme confessou, somente dissabores lhes trouxeram à alma. Por motivos cármicos, este evento salutar no qual almas afins se encontram e partilham desejos e emoções não estava na sua programação ou encarnação atual. Médium psicógrafa, receitista, de desdobramento, de psicofonia, de vidência, de efeitos físicos (materializações), notabilizou-se como grande amiga dos suicidas. Lia os jornais e anotava em caderno especial o nome dos que descobria terem tirado a própria vida, orando por eles, diariamente, sabedora das dores que os alcançavam. Por duas vezes suicida, trazia registrado na alma as aflições e sofrimentos desses infelizes, o que a tornou uma espécie de amiga e protetora dessa gente sofrida.

Isso lhe granjeou muitas amizades espirituais. Trabalhou na seara mediúnica sempre, mesmo quando as condições lhe eram mais adversas. Quando, no Rio de Janeiro, não foi aceita em vários centros espíritas, trabalhou sozinha, fornecendo receituário mediúnico e os medicamentos, realizando aulas de evangelização para crianças e psicografando. No campo material, atenta ao lema "fora da caridade não há salvação", aplicava injeções em doentes pobres, costurava para os necessitados e promoveu aulas de costura e bordados para moças e meninas de favela próxima de onde residia.

Manteve-se fiel à FEB, mesmo após esta ter recusado suas duas primeiras produções mediúnicas (*Memórias de um suicida* e *Amor e ódio*). Reconheceu que fora o Alto que fizera de Manuel Quintão o instrumento da recusa, admitindo que faltava conteúdo doutrinário ao livro *Memórias de um suicida*. Posteriormente, Léon Denis, o apóstolo do espiritismo, faria a parte doutrinária da qual a obra estava carente. Yvonne teve oportunidade de saber da reencarnação de seu grande amor, um amor de várias reencarnações, chegando a se corresponder com ele, em esperanto, e orientá-lo após a morte física. Ele nascera na Polônia. A descrição dos encontros espirituais desses dois espíritos é sublime. Possivelmente, para o coração de Yvonne, os poucos momentos de felicidade de que podia fruir, além das horas de trabalho psicográfico de literatura, que, confessava, eram de intensa felicidade.

Dedicou cinquenta e quatro anos e meio às curas através do receituário homeopático, passes e preces. Curou obsessões, sempre assistida por espíritos de alta envergadura como Bezerra de Menezes, Bittencourt Sampaio, Charles, Roberto de Canallejas, dentre outros mais humildes, mas não menos vontadosos.

Foi oradora espírita durante quarenta e quatro anos. Disciplinada, diariamente, mantinha um trabalho de irradiações, que realizava a sós, com seus guias. Podemos dizer que a vida dessa missionária foi exclusivamente dedicada ao espiritismo. Vivia para ele, sua bússola e farol. Nessas verdadeiras sessões, ela lia trechos da doutrina espírita, oferecendo-os aos desencarnados, desejando que pudessem se esclarecer e se libertar através da prática do que ouviam com as leituras.

Atuou orientando médiuns e centros espíritas, reconciliando cônjuges, reequilibrando lares desarmonizados, consolando corações, evitando suicídios e esclarecendo espíritos sofredores. Passou pelo mundo como uma estrela que brilha sobre a penumbra representada pelo sofrimento humano. Estudiosa da doutrina espírita, na codificação kardequiana alicerçava todo seu trabalho, seguindo fielmente as prescrições de *O Livro dos Médiuns*, no exercício da própria faculdade.

Deixou um legado de extraordinários ensinamentos, hoje atualíssimos, roteiro de pesquisa e de aconselhamento aos iniciantes e simpatizantes da doutrina. Eis sua belíssima obra:

Memórias de um suicida (1954)
Nas telas do infinito (1955)
Amor e ódio (1956)
A tragédia de Santa Maria (1957)
Nas voragens do pecado (1960)
Ressurreição e vida (1963)
Devassando o invisível (1964)
Dramas da obsessão (1964)
Recordações da mediunidade (1966)
O drama da Bretanha (1973)
Sublimação (1973)
O cavaleiro de Numiers (1975)
Cânticos do coração – V. I e II (1994)
À luz do consolador (1997)
Um caso de reencarnação (2000).

Yvonne retornou ao mundo espiritual no dia 9 de março de 1984, tendo desencarnado no Hospital da Lagoa, no Rio de Janeiro. Mas em virtude do aumento do número de suicídios no planeta, um a cada quarenta segundos de acordo com a OMS (Organização Mundial da Saúde), ela solicitou de seu mentor, Bezerra de Menezes, que já havia desautorizado a publicação de seu segundo suicídio, que reconsiderasse o pedido, no que foi atendida. Assim veio à lume mais um episódio de sua existência narrado em livro publicado pela Editora EME, sob o título de *Leila – a filha de Charles*.

Este livro, ditado por Arnold de Numiers, o obsessor que a levou ao primeiro suicídio e que agora, já voltado para renovação de sua alma é um de seus amigos e protetores, psicografado pela médium Denise Corrêa de Macedo, é mais uma tentativa de evitar este sofrido e inconsequente gesto que, ao contrário do que pensam alguns que o praticam, cria mais problemas e aprofunda a dor já lancinante.

Onde estiver Yvonne Pereira certamente estará trabalhando pela doutrina espírita, fiel como foi enquanto encarnada aos seus ensinamentos.

Adaptado e ampliado de "Mundo Espírita", Órgão de divulgação da Federação Espírita do Paraná.

Bibliografia

Kardec, Allan. *A Gênese*. Trad. Guillon Ribeiro. 5ª ed. Rio de Janeiro-RJ, FEB, 1975.

________. *O Céu e o Inferno*. Trad. Guillon Ribeiro. 19ª ed. Rio de Janeiro-RJ, FEB, 1963.

________. *O Evangelho segundo o Espiritismo*. Trad. Matheus Rodrigues de Camargo. 1ª ed. Capivari-SP, Editora EME, 2000.

________. *O Livro dos Espíritos*. Trad. Torrieri Guimarães. 2ª ed. São Paulo-SP, Opus Editora Ltda., 1985.

________. *O Livro dos Médiuns*. Trad. José Herculano Pires. 6ª ed. São Paulo-SP, LAKE, 1978.

________. *Revista Espírita* – janeiro de 1869. Trad. Júlio de Abreu Silva. 6ª ed. EDICEL São Paulo-SP, 1869.

Vieira, Waldo & Xavier, Francisco Cândido. André Luiz (espírito). *Desobsessão*. 12ª ed. Brasília-DF, FEB, 1991.

Xavier, Francisco Cândido. André Luiz (espírito). *Os mensageiros*. 1ª ed. Rio de Janeiro-RJ, FEB, 1944.

Xavier, Francisco Cândido. Emmanuel (espírito). *Seara dos médiuns*. 1ª ed. Rio de Janeiro-RJ, FEB, 1961.

Macedo, Denise Corrêa. Arnold de Numiers (espírito). *Leila, a filha de Charles*. 2ª reimp. 1ª ed. Capivari-SP, Editora EME, 2016.

Pereira, Yvonne do A. Bezerra de Menezes (espírito). *Dramas da obsessão*. 3ª ed. Rio de Janeiro-RJ, FEB, 1976.

________. *Recordações da mediunidade*. 4ª ed. Brasília-DF, FEB, 1984.

Pereira, Yvonne do A. Camilo Castelo Branco (espírito). *Memórias de um suicida*. 10ª ed. Rio de Janeiro-RJ, FEB, 1982.

Pereira, Yvonne do A. Charles (espírito). *Nas voragens do pecado*. 5ª ed. Brasília-DF, FEB, 1984.

________. *O drama da Bretanha*. 5ªed. Brasília-DF, FEB, 1989.

Pereira, Yvonne do A. Espíritos diversos. *Devassando o invisível*. 7ª ed. Brasília-DF, FEB, 1987.

Pires, Herculano. *Vampirismo*. 1ª ed. São Paulo-SP, Paideia, 1980.

ANEXOS

1. Entrevista: Yvonne do Amaral Pereira na *Revista Internacional de Espiritismo* (RIE), nº 02, maio/1972.

2. Entrevista: Yvonne do Amaral Pereira na *Revista Universo Espírita*, 2006.

3. *Memórias de um suicida*: sua obtenção mediúnica e a luta pela sua publicação

4. Retrato de Maria.

1. Entrevista: Yvonne do Amaral Pereira na *Revista Internacional de Espiritismo* (RIE), nº 02, maio/1972

1. Ao receber a mensagem do Além, para os seus livros, você fica consciente do que escreve ou só se reconhece ao terminar?

A obtenção de um livro mediúnico é trabalho árduo, que mobiliza todas as forças mentais e psíquicas do médium a serviço do agente comunicante, pois, é transmissão de pensamento a pensamento. Nem todos os médiuns têm as mesmas características para a recepção desse gênero de trabalho. No que me diz respeito, sofro transe pronunciado, embora, não completo.

Tenho consciência de mim mesma, mas qualquer rumor exterior me poderá perturbar. Por essa razão só escrevo altas horas da noite. Vou lendo o que escrevo como se se tratasse de um folhetim que me apresentassem. O impulso do braço e atordoamento é ligeiro sem ser veloz.

Às vezes, ouço o murmúrio do ditado como se o espírito comunicante falasse aos meus ouvidos, o que facilita a recepção. Se a obra é de difícil captação, como *Memórias de um suicida* e *Nas voragens do pecado*, o impulso vibratório do braço é menos rápido. Perco a noção do que me rodeia, mas não de mim mesma; somente me apercebo da tarefa que executo, por isso necessito de silêncio e tranquilidade. Às vezes, vejo as cenas que estou descrevendo, mas só me inteiro do conteúdo da obra, verdadeiramente, depois da sua publicação.

2. Quantas obras publicou e quais os seus autores?

Publicados tenho apenas onze, mas possuo várias outras inéditas, esperando oportunidade para virem a lume. Os autores são os espíritos de Adolfo Bezerra de Menezes, Camilo Castelo Branco, Charles, cujo sobrenome ainda desconheço, e Leon Tolstói. Nessas onze obras estão incluídas as duas constantes do volume *Nas telas do infinito* e as duas constantes do volume *Dramas da obsessão*.

3. Como e quando começou a psicografar?

Aos doze anos de idade já eu escrevia impulsionada pelos espíritos, sem, contudo, ter verdadeira noção do fenômeno. Sou criada em ambiente espírita desde o berço e por isso o fato nunca me impressionou. Sentia indomável impulso no braço e atordoamento, sem, no entanto, se verificar o transe, e isso fora mesmo de sessões práticas. Desejava parar de escrever e não conseguia. O fenômeno parece que se processava pela psicografia mecânica. E via o espírito comunicante, que se nomeava Roberto, afirmando ter vivido na Espanha, pelo século XIX. Nunca procurei desenvolver a mediunidade ou a provoquei. Apresentou-se-me, ela, naturalmente, desde a infância. Apenas procurei imprimir-lhe o rumo conveniente, educando-me na moral evangélica e nas disciplinas recomendadas pela doutrina espírita. E comecei a psicografar livros ainda em minha juventude, recebendo o primeiro convite ao trabalho e as necessárias instruções do espírito Camilo Castelo Branco, que desde minha infância se revelou um grande amigo espiritual. Qualquer entidade que conceda uma obra psicográfica convida o médium (não ordena) e fornece instruções. Sem esse convite será difícil senão impossível, conseguir-se alguma coisa autêntica. Pelo menos é o que acontece comigo.

4. Possui apenas o dom da psicografia ou faz alguma outra coisa dentro do espiritismo?

Possuo vários outros dons mediúnicos, inclusive o de cura, os quais pus a serviço da doutrina espírita e do próximo desde a minha juventude. De tudo já realizei um pouco, como médium e como espírita. Atualmente, porém, como médium, limito-me à psicografia, à oratória, à colaboração na imprensa espírita, ao esperanto, à correspondência doutrinária e a um pouco de assistência doutrinária e a um pouco de assistência social nos meios espíritas. Possuo também a faculdade de efeitos físicos (materializações), mas, não me interessando por esse gênero de trabalho espírita não a utilizo.

5. Que pretende para a vida espiritual? Ou já se afinou com ela?

Nenhum de nós poderá fazer projetos para a vida espiritual. Nosso futuro em além-túmulo depende das ações praticadas durante a vida terrena, ou seja, dos méritos ou deméritos adquiridos neste mundo. Nada posso pretender, portanto, da outra vida. Cabe-me apenas esperar pela justiça e a misericórdia de Deus. Não resta dúvida, porém, de que vivo mais da vida espiritual do que da material, há muitos anos.

6. A psicologia e a parapsicologia podem explicar cientificamente os fenômenos de psicografia?

Não, porque propositadamente, os investigadores contrários à tese espírita não querem explicá-los, assim como nenhum outro fenômeno espírita. Fecham os olhos para não ver, tudo atribuindo ao inconsciente, quando o "maior livro de parapsicologia" escrito até agora é *O Livro dos Médiuns*, de Allan Kardec, tal a declaração de um erudito espírita brasileiro. O fenômeno da psicografia é mediúnico, carecendo sempre de um agente espiritual independente do médium.

Não havendo esse agente, isto é, o espírito comunicante, deixará de haver psicografia. O mais que os senhores parapsicólogos têm feito é apontar fenômenos de animismo e aliá-los aos fenômenos mediúnicos, ou seja, fenômenos produzidos pelo espírito do próprio médium e não por um espírito desencarnado; nesta última tese ou hipótese, a parapsicologia para, quando devia continuar.

Os espíritas foram os primeiros a observar os fenômenos produzidos pelo animismo e nunca se sentiram diminuídos por eles. Trata-se de fenômenos belíssimos, de grande valor, provando não só a existência da alma e suas poderosas forças, mas ainda a vontade soberana dela, sua independência e lucidez fora dos limites corporais, sua ação, seu poder particular conferido pela Natureza. Essa questão vem sendo esclarecida desde os primórdios do espiritismo, pelos ilustres pesquisadores e sábios psiquiatras europeus e norte-americanos, e também por vários observadores brasileiros.

Qualquer espírita, ainda que pouco versado em matéria de mediunidade, e desde que não se deixe cegar pelo fanatismo, poderá realmente distinguir o fenômeno espírita do fenômeno puramente anímico, porquanto eles são absolutamente diferentes. A parapsicologia, pois não explica a psicografia, como não explica nenhum outro fenômeno espírita de que participe o espírito desencarnado, visto que prefere encobri-los.

7. O psicógrafo interfere na qualidade literária da mensagem?

Até certo ponto, sim. Se, na vida prática e em sua vida mental, ele age de forma a só atrair bons espíritos, necessariamente as comunicações recebidas serão de excelente qualidade. Se se afinar, porém, com espíritos ignorantes, medíocres, frívolos ou mistificadores, as mensagens recebidas (escritas ou verbais) serão suspeitas ou de má qualidade. Esse, um ponto doutrinário dos mais conhecidos e debatidos. Se o médium possuir cabedal intelectual também influirá, de certo modo, porque o agente comunicante encontrará facilidade em usar esse material e a obra sairá mais completa. Mas há médiuns iletrados, sem serem analfabetos, que produzem obras literárias de imenso valor.

O médium norte-americano Andrew Jackson Davis, por exemplo, obteve várias obras literárias importantes, entre outras a *Grand Harmony*, que maravilhou o mundo; e o médium Thomas P. James, também norte-americano, um simples mecânico impulsionado pelo espírito do escritor inglês Charles Dickens, terminou o romance *O mistério de Edwin Drood*, que o autor deixara a meio, ao falecer.

E de tal forma o conseguiu que não foi possível determinar o ponto em que termina a obra do escritor e começa a ação do médium. Outros psicógrafos existiram, como o português Fernando de Lacerda, que escrevia mediunicamente, em prosa e em verso, conversando com amigos, com as mãos, acionado pelos escritores clássicos de Portugal. Às vezes, Fernando de Lacerda despachava com a mão direita papéis da repartição em que trabalhava, enquanto psicografava com a esquerda, páginas de Alexandre Herculano, Eça de Queirós, Camilo etc.

O mesmo sucedia ao médium brasileiro Carlos Mirabelli, de S. Paulo, que psicografava com as duas mãos, também conversando, teses científicas ou filosóficas, em línguas diferentes umas das outras. E apenas cito esses, que, certamente, não interferiram, de forma alguma, na qualidade ou na ação da psicografia. Médiuns desse tipo são, porém, muito raros.

O mais comum é haver influência do médium, sobretudo quando ele não observa uma disciplina rigorosa e não se empenha em bem compreender a mediunidade, a fim de exercê-la criteriosamente. O médium muito intelectualizado, por sua vez, mantendo ideias e opiniões muito pessoais, e preconceitos às vezes inveterados, poderá influir bastante, alterando o pensamento da entidade comunicante, produzindo o a que denominamos "enxerto".

Os espíritos elevados, que já se manifestam com obras de responsabilidade, preparam os seus médiuns longamente, por vezes desde a infância, a fim de evitar tais ocorrências. De qualquer forma, o espírito comunicante utiliza o cabedal fornecido pelo médium. Poderá este psicografar assuntos muito superiores à sua capacidade, mas sempre existirão certas expressões particularmente suas, naquilo que produz. De outro modo, a qualidade da mensagem não depende apenas do médium, mas também do espírito que a fornece e até do ambiente em que exerça a sua faculdade.

É trabalho penoso para ambos, e assunto complexo. O melhor meio de a palavra dos espíritos chegar pura e de boa qualidade é procurar o médium moralizar-se, elevar-se espiritualmente, fazer-se humilde, reconhecer as próprias fraquezas e jamais se considerar excelente ou indispensável, além do dever de exercer o bem de toda parte. Eis como o médium poderá influir nas mensagens que recebe.

8. Pode descrever um pouco do estado de espírito da pessoa no momento de psicografar?

Quase que de regra, esse fenômeno se verifica tão inesperadamente que o médium se surpreende e aturde, mormente se o fato vem espontaneamente, sem o preparo prévio das sessões de experimentação mediúnica. Se se trata, porém, de psicografia já educada, com o médium responsável, ou da obtenção de um livro, por exemplo, quando já o médium recebeu as devidas instruções de seu guia espiritual; se se trata de um receituário, um conselho a particulares etc., esse estado (em mim, pelo menos) é de expectativa, de emoção, de profundo respeito e até de religioso temor, se assim me posso expressar. Às vezes, certa inquietação sobrevém, pois que, já empunhado o lápis, com a mão apoiada sobre o papel, o médium não tem a mínima ideia do que escreverá.

2. Entrevista: Yvonne do Amaral Pereira na *Revista Universo Espírita*, 2006

1. Como conheceu o espírito Camilo Castelo Branco, autor do livro?

Quando tinha 12 anos vi o espírito Camilo numa festa de aniversário de uma coleguinha, na cidade de Brasópolis, sul de Minas. Convidada para aquela festinha, fui e vi o Camilo muito triste, encostado numa mesa, com a mão no rosto; mas eu não sabia quem ele era. Mais tarde, observando um romance que uma tia lia, vi o retrato do Camilo e o reconheci. Havia afinidade entre nós. Camilo viveu em Portugal na época de meu suicídio em Lisboa (numa vida anterior a esta). Daí eu supor que o meu pai daquela vida e o Camilo foram contemporâneos, e naturalmente eu também. E como meu pai da vida passada era um intelectual calculo que eles se conheciam. Além disso, ainda havia com o Camilo a afinidade pelo suicídio.

2. Como se deu o início da produção de *Memórias de um suicida*?

Em 1926 assisti a uma sessão na fazenda do presidente do centro espírita de Lavras e vi o Camilo, que me deu sua primeira mensagem convidando-me para fazer um livro com ele - os bons espíritos não impõem, eles convidam o médium. O Camilo começou, então, a me dar as primeiras mensagens no centro espírita de Lavras. Mais tarde, reconheci que *Memórias de um suicida* ficou muito incompleto; eram só as narrativas do Camilo. Tanto que a crítica hoje diz que, nesse livro, há 30% de Camilo e 70% de Léon Denis. De fato, é isso mesmo. O livro estava incompleto; não havia explicações doutrinárias, conclusões filosóficas... O Camilo não conhecia a doutrina espírita para dizer tudo isso. Ele narrou o que se passou com ele. Esse livro ficou guardado por muito tempo... comigo, como manuscrito, foram 25 anos, e só o entreguei no fim de 1954.

3. Por quê?

Bem, eu não o aceitei. Achava que era mistificação - eu não conhecia bem a doutrina quando comecei a recebê-lo. Nem mesmo *O Livro dos Médiuns* eu havia estudado - e ele é a base dessa instrução toda sobre a vida no além-túmulo, inclusive da existência de casas, de hospitais etc. Acontece que esse noticiário todo não é novo, porque aquele grande médico sueco, Swedenborg, foi o primeiro que andou falando essas coisas, e com muito detalhe e beleza. Depois disso, as mensagens examinadas pelo Ernesto Bozzano falam também de relatos da vida de além-túmulo que foram recebidos antes da codificação. Então, só depois que conheci tudo isso é que fiquei descansada. Acredito, porém, que muita coisa na obra é analogia, porque nós não temos palavras para descrever o que há no além-túmulo. Seria preciso que criássemos muitos termos, apreendêssemos mais alguma coisa para poder repetir, traduzir, tudo, tudo quanto os espíritos querem falar.

4. Então como fez para escrever o que não pretendia?

O que me valeu, não só nesse livro como nos outros, é que vejo tudo quanto os espíritos dizem. Vejo coisas que não conheço, muitos aparelhos que eu não acreditava que existissem! Via muitos aparelhos, inclusive para regressão de memória - parece uma cinta de ferro na cabeça! Eu não ficava muito em mim, porque do alto eu via meu corpo lá embaixo, escrevendo o livro. Quando acordava, estava com a cabeça toda dolorida, mas, com uma prece, aquilo tudo desaparecia e eu me sentia bem.

5. Seria como se você visse antes de escrever, para poder escrever melhor?

Por exemplo: quando escrevi sobre aquele poço, onde ficavam muitos suicidas, eu mesma não sabia o que era aquilo, se era criação mental dos espíritos-guias ou daquelas mentes alucinadas. No mundo não há expressão para traduzir o sofrimento de um suicida. Olha que eu sofro isso desde pequena... Eu passava as noites inteiras com aquela aflição remanescente do suicídio. Era uma angústia indescritível! Eu senti essa angústia durante grande parte da minha vida e ela só começou a desaparecer depois da publicação do livro. Mas eu sofria muito quando eles me mostravam aquelas cenas todas. Posso descrever até o cheiro do enxofre e daquelas matérias do vulcão. Eu via aquilo escorrer... Via as paredes duras e delas descendo aqueles metais fétidos... Conversando com Chico, ele me disse que aquilo era um vulcão extinto.

6. Você via isso no momento em que estava escrevendo?

Não, eu via antes. Desde pequena eu via essas cenas. Também fui suicida e sofri muitíssimo no Além.

7. Então foi uma espécie de recordação?

Sim. Creio que aquela cinta que puseram na minha cabeça era para regressão de memória. Meu espírito foi salvo pelo Charles, mas ele não podia ir lá me retirar daquele antro. Ele serviu-se da linha da umbanda. É por isso que eu respeito a umbanda. Eu vi. Puseram uma corda por onde desciam os espíritos de umbanda. Quando escrevi o romance, eles me puseram a tal cinta que creio, foi para provocar a regressão de memória. Aquilo doía muito. Então, havia uma cratera da qual fui retirada pelos espíritos de umbanda através de uma corda. Eu respeito a umbanda por causa disso. Há muita coisa que não está certa na umbanda, não resta a menor dúvida; há muitas mistificações... Mas os espíritos adiantados se servem desses espíritos para fazer o bem. Quantas vezes eu fui com o dr. Bezerra fazer esses trabalhos, na Terra mesmo, ou no astral inferior...

8. Você sentia tudo?

Minha mediunidade toda é desse tipo positivo, que sofre tudo. Se era afogado ou enforcado, eu chegava a ficar com o pescoço roxo, a carótida crescia, a língua vinha para fora, os olhos arregalavam... Era uma coisa horrorosa! Eu não via como ficava; os companheiros de trabalho me contavam depois. A consequência do suicídio por queda de altura é, também, horrorosa, porque ele nunca chega embaixo.

Já escrevi isso num livro meu. Ele fica se despenhando toda vida, sentindo que vai morrer e a queda não termina nunca, Léon Denis, que é um dos mais importantes continuadores da obra de Kardec, fala que essa tortura costuma vir com a reencarnação, pois o perispírito traz essas impressões, podendo dar origem a doenças nervosas que a medicina não cura. A única coisa que suaviza, que começa a curar é o Evangelho.

Tenho uma sobrinha que todo mundo pensava que

estava com indícios de mediunidade, mas ela tinha era obsessão e até convulsões, porque há casos de suicidas reencarnados, que trazem esses desequilíbrios nervosos que parecem epilepsia, mas não são. Para essa minha sobrinha, o dr. Bezerra de Menezes escreveu uma das melhores mensagens que recebi na vida. Ela foi suicida!

Agora se sabe que não há que se desenvolver a mediunidade. Ela não tem a menor condição para isso, pois tem o sistema nervoso completamente enfermo. O cérebro, também, não pode estar bom. Eu, por exemplo, depois que me dediquei muito à doutrina, tenho que dar graças a Deus, porque me reequilibrei, mas a única coisa que reequilibra é, justamente, o trabalho do Evangelho, o trabalho doutrinário.

9. Como é o sofrimento de um suicida?

É o sofrimento superlativo e quem não foi suicida não pode saber, não pode fazer uma ideia do que é. Imagine uma aglomeração desses suicidas, que ficam numa confusão horrorosa e não compreendem o que está se passando, porque há vários tipos de suicidas juntos, no mesmo local, cada um com as suas reminiscências e as suas vibrações. Eles ficam desesperados porque se sentem "mortos-vivos", e são verdadeiros "mortos-vivos" porque se sabe que o fluido vital ainda está neles, demora para se dissipar – podemos ler isso em Gabriel Delanne.

Uns ainda se sentem afogando – a gente vê o trecho do mar em que estão se afogando! Outros se veem horrorizados com um trem de ferro; alguns se veem desesperados com os venenos e outros com tiros no ouvido – e tudo isso na mesma região e ao mesmo tempo. Essas vibrações se chocam; é um verdadeiro inferno, não tenho outra expressão! São impressões que um ser humano que não foi suicida não pode avaliar. Eu compreendi muito bem porque também fui suicida, também estive lá. Como médium de incorporação, recebi tudo quanto foi espírito suicida, e eu sentia as impressões e o sofrimento deles. Afogamento é a coisa mais horrorosa que se pode sentir. Agora, a morte por trem de ferro é a pior de todas; a pessoa fica numa confusão horrorosa, porque se vê vivo e catando os pedaços do corpo; e cada pedaço que cata ele sente que é seu, que está com ela e ao mesmo tempo não está. É algo que ninguém pode avaliar nem quase compreender.

10. Como são os hospitais que amparam os suicidas?

São uma beleza mesmo! E note-se que essa esfera onde está o hospital é inferior, não é muito boa não. É outra dimensão, mas por aqui mesmo. Ali há muito sofrimento, mas é tudo muito bonito. Somente não há coloração. É quase tudo branco. Eles têm tudo lá: escadarias, móveis, aventais, flores... Tudo muito bonito. Até hoje eu vou lá. Entro por um corredor, subo uma escada à direita, torno a virar à esquerda. Uma vez eu fui durante o dia e me perguntaram: Você aqui a esta hora? Tenho certeza de que, quando eu desencarnar, vou para lá, porque esta minha existência é terapêutica de lá. Ainda sou paciente, estou internada lá. Então não tenho que ir para outra parte; até hoje eu vejo aqueles médicos, toda aquela gente e os reconheço. Reconheço até alguns daqueles personagens já reencarnados.

11. Você também fala sobre veículos usados para transportar os espíritos suicidas. Poderia adicionar algum comentário sobre isso, inclusive falar também sobre os animais que você viu lá?

Antes de tudo, é preciso lembrar que quem escreveu o livro não fui eu, foram os espíritos. Com relação aos meios de transporte, eu os vi de duas espécies. O primeiro era para retirar os espíritos daquele vale, que é quase a Terra - estou desconfiada de que aquele Vale dos Suicidas não é no espaço coisa nenhuma, é aqui no perímetro da Terra... Quem retirava aqueles espíritos eram os servidores da colônia, que utilizavam um veículo redondo, cheio de janelinhas ao redor. Era todo acolchoado no interior, muito bonito e cômodo.

Os espíritos sentavam-se e ficavam muito bem acomodados - acredito que esse conforto era, antes de tudo, um primeiro ato de caridade para aqueles espíritos se consolarem; em cada detalhe percebíamos a ação da misericórdia divina. Não sei de que material aquilo era feito. Pelos conhecimentos que tenho sobre o mundo espiritual, sei que era alguma matéria, porque coisa imaterial não pode existir, senão seria o nada - a eletricidade, por exemplo, é um formidável elemento, mas não a vemos, vemos só os seus efeitos.

Aqueles veículos subiam no ar e rodavam, como dizem que fazem os discos voadores. Quando eles chegavam na entrada da colônia, os passageiros desciam e entravam por um portão. Todos preenchiam uma espécie de ficha, onde se anotava tudo: nome, local em que viveram, gênero do suicídio que tiveram, grau de instrução, orientação religiosa etc.

Dali é que eles seguiam finalmente para a colônia propriamente dita. Ali era só entrada. Nesse momento é que mudava o meio de transporte, surgiam, então, as carruagens, muito bonitas, muito artísticas. Havia até trenó com cachorros e carruagens puxadas por cavalos muito lindos, todos brancos. Na colônia tudo era branco, até os cavalos. As crinas iam revoltas, agitadas pelo vento.

12. Eram perispíritos de animais?

Acredito que sim pelos conhecimentos que tenho sobre esse assunto nas obras clássicas da doutrina. Não nas de Kardec, mas de Gabriel Delanne. Podemos concluir que poderia ser, porque se até as plantas têm perispírito, como muito bem nos indica André Luiz, que dirá um animal, um mamífero. Acredito que fossem os perispíritos dos cavalos. Mas poderia ser, também, uma construção mental dos espíritos, porque no além-túmulo podemos construir tudo, justamente com esse elemento do mundo espiritual que vem a ser fluido cósmico universal, cujas modificações são quase infinitas, como dizem as obras clássicas.

Vi também aves enfeitando os jardins do hospital. Seriam os perispíritos de aves? Isto eu não posso garantir. Não sei. Poderia ser também criação dos espíritos para enfeitar o ambiente, porque aqueles fundadores da colônia eram verdadeiros artistas; enfeitavam o mais possível. Eu me lembro de ter visto lá, numa enfermaria onde ficou o Camilo Castelo Branco e aqueles seus companheiros, um quadro da Virgem, de Murilo, muito bonito, verdadeira arte. Aquele quadro não era estático, ele se movimentava. E isso o que é? Não tenho como explicar tudo... Pode ser uma analogia.

Nós não temos palavras para explicar essas coisas do mundo espiritual. Ainda estamos muito bisonhos nesse sentido.

13. O livro tem produzido frutos, tanto no sentido de salvar criaturas do suicídio como na criação de obras do movimento espírita...

Sim. E uma dessas obras é o Centro de Valorização da Vida, CVV. Esse movimento é mundial, mas ainda não havia no Brasil. Jacques Conchon, espírita de São Paulo, criou essa instituição influenciado pelo *Memórias de um suicida*, por causa do apelo que o livro faz para que os homens criem algo para evitar o suicídio... Eles fazem plantão noite e dia... São verdadeiros abnegados... Jacques Conchon disse que a situação mais difícil de recuperar um candidato a suicídio é o caso de amor, porque aí eles não podem fazer nada.

Se o problema é doença, eles tratam, põem em hospital; se é financeiro, alugam casa, compram mobília, arranjam emprego. Tudo isso é causa de suicídio. Já os casos de amor são mais difíceis. Em 15 anos eles perderam dez casos. Eu creio que a proporção é grande. Eram todos casos de amor... Isso talvez se dê porque não se pode controlar o coração de uma pessoa. Se alguém é abandonado pelo outro a quem ama, o que fazer? O remédio para uma pessoa apaixonada que é desprezada é a conformidade com a situação, é voltar-se para Deus ou, então, seguir o conselho do Leon Tolstói: arranjar um outro amor. Leon Tolstói dá esse conselho. No livro *Sublimação* ele fala: "Não vale a pena se matar nem se desesperar; arranja outro amor. Porque o nosso coração não pode viver sem amar e ser amado".

– É da natureza humana...

Não, meu filho, é da natureza divina! Porque Deus é amor e somos descendentes de Deus. É o melhor conselho, o de Tolstói.

14. Como enxerga o seu trabalho como médium?

É engano pensar que eu esteja em missão. Não recebi uma missão. Todo meu trabalho foi de reparação dos meus erros. A misericórdia de Deus dá, para grandes criminosos do passado, a mediunidade, para que ele, numa única existência, possa resgatar muita coisa, pois a mediunidade beneficia muita gente! O médium normalmente nem sabe o quanto beneficia. Aliás, o meu dever inadiável, inapelável, era só receber *Memórias de um suicida.* Se eu o escrevesse estaria bem, não precisava escrever outro. Mas a misericórdia divina me deu mais, pois até agora tenho mais de dez publicados. Mas o que eu devia fazer era esse, só. Pude fazer mais alguns e, quem sabe, ainda posso publicar outros? Minha atividade mediúnica é um resgate. À proporção que iam saindo os meus livros, a angústia ia amenizando. Hoje eu sou uma criatura completamente equilibrada, não tenho mais essa angústia. Haja o que houver na minha vida, essa angústia não existe mais em mim.

3. *Memórias de um suicida*: sua obtenção mediúnica e a luta pela sua publicação

Divaldo Pereira Franco relata que, no ano de 1959, Chico Xavier afirmou para Yvonne do Amaral Pereira que André Luiz deixara claro que, em sua opinião, *Memórias de um suicida* era, em seu gênero, a maior obra dos últimos 50 anos e também dos próximos 50 anos. Portanto, *Memórias de um suicida* seria, para André Luiz, a maior obra do século XX e do início do século XXI. Mesmo admitindo-se a humildade de André Luiz, o qual, obviamente, tenderia a minimizar a importância de suas próprias obras, as quais dispensam maiores adjetivos, temos que concordar que *Memórias de um suicida* constitui um livro extremamente bem escrito e rico de conteúdo doutrinário.

No entanto, curiosamente, a obra quase não foi publicada, pois Yvonne do Amaral Pereira e sua obra não tiveram uma recepção muito calorosa em um primeiro contato com a Federação Espírita Brasileira (FEB), conforme a própria médium relata.

Realmente, naquele tempo, a possibilidade de publicação de um livro espírita era muito reduzida, uma vez que praticamente só havia a FEB como editora viável para tal tipo de obra. Essa condição era tão restrita, que o próprio doutor Bezerra de Menezes recomendara à Yvonne

Pereira que ela procurasse a FEB como alternativa única para enviar *Memórias de um suicida* ao prelo.

Nesse momento, Yvonne chegou até mesmo a cogitar em eliminar os originais, ato este que foi evitado pela intervenção de doutor Bezerra de Menezes e de Léon Denis, o célebre apóstolo do espiritismo. O próprio Léon Denis iniciou, a partir de então, um rigoroso processo de revisão e ampliação de todo o conteúdo do livro. De fato, as narrativas de Camilo Castelo Branco foram desdobradas em análises doutrinárias profundas, elaboradas por este espírito.

Além da indiscutível melhoria do conteúdo intrínseco da obra em questão, a contribuição de Léon Denis implicou em um adiamento da publicação do livro, o que estrategicamente foi importante, uma vez que a publicação definitiva da obra *Memórias de um suicida* somente ocorreu após a publicação das primeiras obras de André Luiz. Este contexto mais favorável permitiu que o movimento espírita brasileiro já estivesse um pouco mais familiarizado com a realidade das colônias espirituais, das regiões espirituais de sofrimento, das equipes que trabalham arduamente nessas regiões e dos complexos processos de preparação espiritual para a reencarnação. Isso favoreceu não somente a publicação propriamente dita, através da aprovação pelo corpo editorial da FEB, como principalmente o sucesso na divulgação e estudo da obra no meio espírita, após o pioneirismo de André Luiz.

É importante registrar que, no que se refere à aprovação pelo corpo editorial da FEB, foi necessária a intervenção lúcida e providencial de doutor Carlos Imbassahy, o qual defendeu a publicação da obra com toda a ênfase e eloquência que só o ilustre espírita possuía. Narra-se que, em meio à forte resistência de alguns confrades, o dr. Carlos Imbassahy teria dito: "Essa obra é um monumento!". E, de fato, a obra é um dos maiores tesouros que a mediunidade com Jesus trouxe para a crosta terrestre.

A versão final publicada de *Memórias de um suicida*, portanto, constitui-se em um relato pessoal do renomado escritor do Romantismo português, Camilo Castelo Branco (autor da famosa obra *Amor de perdição*), o qual desiludido da vida e desesperado em função das suas dificuldades de saúde física decide dar cabo da própria existência carnal. O que é menos difundido, no entanto, é que a revisão final de toda a obra coube a Léon Denis, que analisou, aprofundou, discutiu e desdobrou passagens narrativas de Camilo Castelo Branco, extraindo das mesmas amplas informações da vida espiritual e, especificamente, das experiências peculiares e muito dolorosas enfrentadas pelos suicidas de uma forma geral. A contribuição de Léon Denis, segundo informações da própria Yvonne Pereira, chega a suplantar em número de páginas a contribuição do próprio Camilo Castelo Branco. Tal medida foi fundamental para que a obra crescesse em conteúdo, atingindo um valor doutrinário extraordinário para todos os confrades que buscam conhecer minimamente a vida espiritual e, mais especificamente, o martírio daqueles que desencarnam através da infeliz opção do suicídio.

Uma informação interessante que Yvonne Pereira fornece no início do livro é que ela não considerava o processo mediúnico de obtenção de "Memórias" uma "simples" psicografia, no sentido mais convencional que o termo possa ser compreendido. Yvonne afirma que assistia a todas as cenas como quem assiste a um cinema 3D da mais elevada tecnologia. Era como se ela estivesse fazendo parte de todas as cenas e assistindo a um "teatro" ou aos próprios acontecimentos da vida espiritual *in loco*. Tal fenômeno é semelhante à experiência vivenciada por Chico Xavier no recebimento mediúnico do livro *Há 2.000 anos*, primeiro romance da série histórica de Emmanuel. No caso de Yvonne Pereira, a experiência gerava um impacto emocional muito forte sobre a médium, que sofria intensamente com os protagonistas da obra, sobretudo quando os mesmos estavam no "Vale dos suicidas".

Esse impacto emocional estava relacionado não somente às fortes cenas vivenciadas por Yvonne no "Vale dos suicidas", mas também aos compromissos dolorosos que a médium tinha do passado. De fato, Yvonne recebeu revelações através de seu mentor espiritual, o espírito Charles, e do próprio doutor Bezerra de Menezes, que explicitavam a necessidade premente para sua condição espiritual de contribuir para a diminuição dos índices de suicídio na Terra através do processo educativo.

Esses guias espirituais esclareciam o grande compromisso que ela possuía com a publicação desta obra, pois ela também já havia sido suicida em encarnação anterior. De fato, Yvonne afirma que passou por diversos problemas pessoais durante uma vida física muito sacrificada, que foi essa sua última encarnação, a qual terminou no ano de 1984. A abnegada médium assevera que sua vida física somente começa a se tornar menos penosa, embora de forma muito lenta e gradual, após a publicação de *Memórias de um suicida*, fato este que representava tarefa chave na sua reencarnação.

Após a publicação da obra, Yvonne começa a sentir um maior amparo espiritual e mais serenidade, os quais eram originados pelo impacto de amor e de iluminação espiritual que a obra gerava nos seus leitores e estudiosos. Cada indivíduo que lia a obra e afastava a ideia de suicídio de sua mente era uma contribuição de amor incalculável que revertia em bênçãos inefáveis para Yvonne do Amaral Pereira.

O exemplo da vida e da obra de Yvonne Pereira deve ser sempre lembrado para todo trabalhador espírita, médium ou não. As dificuldades para a publicação da obra *Memórias de um suicida* e a extrema humildade com que a médium lidou com a situação demonstram que, por mais especial que seja a tarefa espiritual do trabalhador encarnado, ele não fugirá das dificuldades inerentes à nossa vida física, pois "Deus faz cair a chuva sobre bons e maus e nascer o sol sobre justos e injustos". As tribulações de Yvonne Pereira fizeram, inclusive, com que ela perdesse algumas importantes psicografias, pois teria escrito tais textos a lápis, em papel de pão, pois não tinha recursos para adquirir nem canetas e nem cadernos. Desta forma, com o passar dos anos, os registros foram perdidos, por mais que Yvonne tenha se esforçado para que tais psicografias fossem preservadas.

Yvonne Pereira, que tinha *Paulo e Estêvão* (Emmanuel/Chico Xavier) como sua obra mediúnica favorita, forneceria outras obras maravilhosas para o crescimento doutrinário de todo o movimento espírita, tais como *Devassando o invisível* e *Recordações da mediunidade*. Valorizar e divulgar as obras de Yvonne Pereira é uma tarefa a que não nos podemos furtar, tendo-se em vista a necessidade de valorizar e priorizar obras de elevado conteúdo doutrinário, obtidas através de médiuns confiáveis, sobretudo quando o escopo dos respectivos trabalhos for direcionado à vida no mundo espiritual. De fato, o número elevado de obras que têm sido publicadas a cada ano torna o volume de títulos considerados espíritas de tal grandiosidade que pouquíssimos confrades poderiam ter condições de ler majoritária percentagem de tamanha bibliografia. O próprio Divaldo Franco recomenda aos dirigentes espíritas o cuidado de só recomendarem a leitura ou mesmo citarem em suas preleções e estudos doutrinários obras que tenham lido e considerado minimamente coerentes com as bases kardequianas.

Além, obviamente, das obras kardequianas, uma alternativa interessante de trabalho espírita seria o estudo em conjunto das obras de Yvonne Pereira que tratam do mundo espiritual e da mediunidade, tais como *Memórias de um suicida, Devassando o invisível* e *Recordações da mediunidade,* entre outras. Tal estudo seria muito relevante e corroboraria com os grupos de estudos focados nos livros da série "A vida no mundo espiritual", também conhecida como série "Nosso Lar", de André

Luiz. Poderíamos, igualmente, acrescentar as obras de Manoel Philomeno de Miranda através da mediunidade de Divaldo Pereira Franco, entre outras obras de grande relevância de autores encarnados e desencarnados. Tais obras são exemplos de fontes seguras de informações doutrinárias para vastos estudos focados nos temas supracitados, sem, evidentemente, menosprezar outras contribuições que, em concordância com Allan Kardec, possam desdobrar assuntos tão relevantes quanto complexos, como, por exemplo, a mediunidade, o perispírito, as regiões de sofrimento espiritual, as colônias espirituais, a influência espiritual negativa (obsessão), a telepatia espiritual positiva (inspiração), os desdobramentos conscientes (também chamados projeções da consciência), os cursos preparativos para a reencarnação, entre outros.

Crônicas e Artigos, ano 6, n° 276, 2 de setembro de 2012.

4. Retrato de Maria

Fiz muitos poemas para Maria, nossa mãe, como costumo chamar. É a ela que recorro nos momentos de tristeza e a ela agradeço os momentos de alegria. Meus primeiros poemas foram em sua homenagem. As primeiras orações também. Chorei muito quando li em *Memórias de um suicida* a história de Jerônimo, tanto pelo amor acendrado de pai que ele nutria, quanto por sua devoção a esse grande espírito, que lhe atende a rogativa enviando-lhe uma carta dando-lhe ciência das providências tomadas por ele em benefício da sua família. Maria representa para nós a ternura e o aconchego de mãe, talvez o amor mais profundo que alguém possa sentir ou doar. Ainda guardo o poema que fiz há muitos anos, quando me sentia criança junto a ela e queria lhe presentear com uma flor.

Presente de criança

Maria, mãe do imenso mar de dores
Tu que conheces a inexplicável alquimia
De transformar ódio em amor qual se magia
Soubesses fazer com teus pendores

Tu que és a suave luz dos navegantes
Desse mundo cheio de clamor e gritos
A esperança desesperada dos aflitos
Dos degredados e agonizantes

Oh senhora e mãe dos desgraçados
A quem chamas de meus filhos amados
Dá-me a alegria de encontrar o amor

Que ele me envolva e queime como brasas
E se transforme em mim em grandes asas
Para voar e te entregar uma flor.